野口英世とメリー・ダージス

明治・大正 偉人たちの国際結婚

飯沼信子

水曜社

野口英世とメリー・ダージス

明治・大正　偉人たちの国際結婚

はじめに

アメリカに五十年も住んでいる私はすでに米国市民権を取得し、権利も恩恵も米国人として当然受けている。日本に暮らしたのはその半分にも満たないが、それでも心のふるさとであり、日本文化の中で過ごした日々を時々不思議な気持ちで振り返る。

日本の風俗・習慣は、当然のことながらアメリカ社会では通用しない。かといってアメリカ風に順応してみると、今度は自分自身になんとなくぎくしゃくとした落ち着きのなさを感じたものだ。しかし、時が経てばそれらもすんなりと受け入れられるようになる。すると今度はどちらからも一歩離れた第三者的な見方に変わってくる。

およそ百年前、黎明日本を背負った若者たちが次々とアメリカ社会に食い込んでいった。「大和魂」、「負けじ魂」だけではない日本人の本質が外国という異なる土壌で見事に開花していった。その姿を書いてみたい。

そして彼らを支えた異国の妻たち。日本女性の伝統的な忍耐と内助の功は物語となりつつある昨今、彼女たちが日本男子と共に生きたすがすがしい姿を多くの人に知ってもらいたい。

日本に生を受け、アメリカで生涯を終えようとする私だからこそできることだと思っている。

目次

Book Design: Shigeharu Suzuki

野口英世とメリー・ダージス

野口英世

Hideyo Noguchi

1876年-1928年。細菌学者。福島県翁島村(現猪苗代町)生まれ。学位は医学博士(京都大学)、理学博士(東京大学)。その他、ブラウン大学、イェール大学より理学博士を授与されている。黄熱病や梅毒等の研究で知られる。ガーナのアクラで黄熱病原を研究中に自身も感染して51歳で死去。

メリー・ダージス

Mary Dadis

1876年*-1947年。アイルランド移民である父アンドリュー・母フランセスの長女としてスクラントンに生まれる。15歳の時に住み込みのメイドとして働くためにニューヨークに移る。1911年、野口英世と結婚。

*生年については諸説あり。本文参照。

I　野口清作

野口英世は一八七六年（明治九年）十一月九日福島県翁島村（現猪苗代町）三城潟、野口佐代助とシカの長男として生まれた。幼名を清作と名づけられた。この年は廃藩置県により福島県となった年である。三城潟は翁島村の三十戸ばかりの農家の集落である。

この地方の農家は、清作が生まれる百年くらい前から一揆を起こして年貢米取り立ての軽減を城主に訴えていた。取り立ては農民の命の綱である種米にまで手をつけなければならないほど過酷なものだった。種米を食べてしまえば、次の年に苗を作る事はできない。苗がなければ作付けができない。結局はまた、その種米を前借りし、負債をふやしていく悪循環だ。

猪苗代地方ではそうした困窮を長きにわたって味わってきた。維新により城主は野に下ったが、明治天皇の治世の恩恵は、まだまだ国民には届かない。庄屋という大地主は、依然として小作人の頭の上に乗っかっていた。

野口家は女子ばかりで婿養子が二代続いていた。野口シカは十八歳で佐代助という婿養子を迎えていた。そんな中での清作の誕生にシカは大層喜んだ。

一八七八年四月末の夕暮れ、いろり端に寝ていた清作は、いつの間にか這い出して、いろりの中に手を突っ込んでしまう。一歳五ヶ月の赤ん坊は、もうすでに自分以外の世界に興味を持ち始めていた。動くものをつかもうとして手を伸ばし、遠くにあるものは自分自身で近づいて手にしようとする。清作が、いろりの中に手を突っ込む危険性は充分にあったが、祖母ミツは、視力が弱り、耳も聞こえなくなっている。清作が動き回っていろりの近くまで行った気配を感じる事はできなかった。清作の左手は大火傷を負ってしまう。しかし、経済的な事情で医師にかかり適切な医療をうけることができず、彼の左手の四本の指はそのまま癒着してしまった。この事件は「禍を転じて福となす」という諺のように野口清作の一生を大転回させる。

貧しくはあったが、母シカの溺愛のもとに小学校に入学。「手ん棒」などと呼ばれて差別を受けたが、清作は高等小学校を卒業する前年（一八九二年）にある作文を書く。その作文には家庭の貧困から自分の不自由な左手を治す事ができない苦悩がつづられていた。この作文が多くの同情を得て、同級生で資産家の八子弥寿平や秋山義次らが手術費用十五円を集めてくれた。秋山義次が付き添い、向かったのは会津若松で名医とされている会陽医院。二人の少年は期待と不安を語りながら猪苗代から会津若松まで徒歩で山を越えていった。火傷をしてから十五年もたった左手をいったいどのようにして離すのか。アメリカ、カリフォルニア大学で勉強したドクトル渡部に対する尊敬と期待を抱きつつ、少年達は峠を越えて会津若松までの道を急いだ。

ドクトル渡部の手術は成功し、左手の四本の指の癒着を離すことができた。しかし骨の発育はやけどのため停止しており、萎縮した左手は一生清作に付きまとった。

現在、野口英世の左手を手術した会陽医院は照島敏明氏の熱烈なる野口英世への傾倒により、当時のままの姿でコーヒーショップとして存続している。二階を野口英世のゆかりの部屋として英世にまつわる資料等を展示する「野口英世青春館」として公開している。筆者も所有していた野口英世の椅子を寄贈した。この椅子は野口がアフリカに旅立つまで住んでいた山荘に置いてあった愛用の椅子である。現在も青春館で見ることができる。

＊

この手術がきっかけで清作は医者への道を志す事を決意する。清作のドクトル渡部への執拗な懇願によって、会陽医院の書生になった。医学界への第一歩を踏み出したのである。

清作は会陽医院で初めてみる医療機器の数々に魅了されていった。

ある日清作は顕微鏡をのぞいて、そこに拡大された血液の中になにか動くものを見た。

「何だろう？」

一滴の血の中に無数の微細な生物を見た清作は人体の不思議さを目の当たりにした。標本で見る血液よりも生きている血液を見て清作の身体に戦慄が走った。この出会いは、細菌学者としての清作の原点となる。

また、この頃、清作の心にいつしか一人の女学生への想いが芽生える。会陽医院の前を過ぎて会津女学校に通う、目の大きな女学生だった。その人の名は、山内ヨネ。この初恋は清作が東京の血脇守之助歯科医師に師事したため、その後、会うこともなく終わる。清作は家庭の貧困と左手の不自由から自らを卑下し、最終的に彼女に思いを告げることなく初恋は終わった。この貧困と左手はのちのちまで、清作の女性に対するコンプレックスとなる。

清作は生涯の恩師となる血脇守之助歯科医師から厚い庇護を受けるが、その恩愛に充分報いる事はできなかった。とくに金銭関係においては計画性と価値観の貧困さをさらけ出している。家の中に金というものが存在した事が無い環境にあった者には、いったん手にした金は遣ってしまわなければ落ち着かない。猪苗代の恩師である小林栄から送られた金であっても自制できなかった。それは、小さい時から肉体的ハンディキャップに強い贖罪意識をもつ母親に、甘えを許された天衣無縫の依頼心がそのまま清作少年を成長させてしまったのである。自分の要求は必ず通るという一種の念力というものだろう。

何度も同じ理由で金銭をせがまれる側にとってみれば「またか」と思いつつも、財布の紐を緩めてしまう。散髪代までも当然のごとく貰い受けていく清作に、いったい人々は何の望みをかけていたのだろう。

手術後、友人の八子弥寿平と。右が野口
（野口英世記念会提供）

清作の天才的頭脳の明晰さはまだ、この頃にはひらめいてはいなかった。

血脇守之助は清作の将来を思って彼を順天堂病院に紹介した。しかし、順天堂病院では細菌学の勉強をするどころか、研究室にさえも入れない。医師として患者にも医局員にも尊敬されている人たちはみな東大（当時の東京帝国大学）出身のお歴々なのだ。清作に目をかけてくれるものは誰もいなかった。医師たちの会話にまで耳を傾けながら一心に学ぼうとしたが、学歴の無い清作にはあくまで助手的な待遇しか道は開けていなかった。

こうなるともう、あの会陽医院の頃のような医学への熱はさめていき、鬱々とした気分に陥っていった。

その後、血脇守之助のつてを頼って、北里研究所に入所した。

そして、この時機に野口清作は改名する。それは坪内逍遥が自分の体験した学生生活を描写した『当世書生気質』という本を読んだのがきっかけだった。坪内逍遥は早稲田大学教授であり、『小説神髄』が後世に残る文学論となったが、すでに『早稲田文学』を創刊し、一世を風靡していた。

『当世書生気質』の主人公は勉学のために田舎から東京に来たが、文明開化の風潮にのり、誤った方向に進んでしまう。初志を貫かずに放蕩に明け暮れて、あわれな終末を迎える。その主人公の名を「野々口精作」といった。

野口清作と「野々口精作」とでは一字が異なるだけ。偶然にしてはあまりにも自分と一致する事に清作は気分を悪くした。希望と落胆。挫折と奮起。自信と劣等感の狭間にゆれているこの頃の清作にとって、この嫌な予言めいた名前を変える必要に迫られた。

恩師小林栄の夫人の見舞いに猪苗代に帰郷した清作は小林に改名の相談をした。小林は清作をあわれに思ったのか、改名に賛成した。

「英世」

世に秀でる人になってほしい願望は清作ばかりでなく、小林栄の本心を表している。

清作に決別し、「野口英世」として生まれ変わった彼は新しい気持ちで東京へ戻った。

*

北里研究所での生活が始まった。

北里柴三郎博士は熊本県出身。東京帝国大学を卒業してからドイツに留学し、ロベルト・コッホ博士に師事した。コッホは一八八三年コレラ菌を発見し、細菌学会ばかりでなく、世界中の人々に安堵を与えた。

コレラはインドのガンジス川流域に発生し、東南アジアを中心に全世界に伝染した恐ろしい伝播力のある伝染病である。下痢と高熱によって患者は脱水状態となって数日のうちに死亡する。北里博士はドイツの細菌学者であるE・A・ベーリング博士（のちにジフテリア抗毒血清の開発によって一九〇一年にノーベル医学・生理学賞を受賞）と共に破傷風菌の純粋培養に成功し、血清療法をつくり出した。

国の内外で北里の名声は高い。

当時、北里博士の人柄と業績は世界の医学会から大きな信頼を受けており、アメリカの医学者たちが一八九九年四月、北里研究所を訪れた。野口は会津の会陽医院で英語とドイツ語を独学で学んでいた。しかし、実際はそれがどの程度役に立ったかはわからない。読み書きはできるが、会話の経験がなかったから、充分に通じなかったと思われる。紙上では発音の勉強はできない。聞く、話すの訓練が語学の習得にとって第一に必要であることを筆者も経験している。

しかし、野口は自信をもってアメリカ医師団の通訳をした。その経験は野口の人生にあり余るほどに役に立つ事になる。

医師団の中のサイモン・フレキスナー教授を案内しているときに、野口は将来アメリカに留学したいと語った。若者が目を輝かして自分の将来や抱負を語るとき、年長者や地位のある人は寛大に、余裕をもってはげましの言葉をかけるものである。

「それは良い考えだ。しっかりやりなさい」

野口英世

と、フレキスナー教授は答えた。

野口は暗闇に光を見つけたような喜びを感じ、もう念願叶ったものと思い込んだ。早くも、北里研究所を出てアメリカへ行くことがあたかも目前に迫っているかのように胸が高鳴ったであろう。野口にはそういう性急なところがある。それは想いを現実化するエネルギーの一つなのかもしれない。

アメリカの医師団が東京からフィリピンに向けて出発した後、野口はいつもと変わらない軽い財布を抱えて研究所の中を動き回っていた。これといった重要なテーマをもって研究していたわけではなかった。

この頃、横浜港湾での検疫を充実させようという機運が盛り上がっていた。北里はとくに強い関心をもってこれに取り組もうとしていた。検疫医に選ばれたのは野口だった。

野口は実験用のモルモットさえ年功と学歴によって割り当ての数が決まる階級意識の強い研究所に対して不満をもっていたので、自分が主体となって働ける新しい職場を喜んだ。いずれ、外国へ行くのだから、外国船の中の様子や船員たちとの交流をも得て、見聞を広めようというつもの好奇心も働いた。

一八九九年九月、横浜港に錨をおろした外国航路の船員の中に病人を見つけ、ただちに検査することとなった。野口は直感的にペストだと思った。培養の結果もそれを証明した。

一人の保菌者が知らずに上陸してしまうと何百人、何千人が黴菌に感染する。港の検疫はその国の保険に重大な役目を持っている。まさに水際の作戦。会津若松の会陽医院で初めてのぞいた顕微鏡で細胞を見た感動から六年を経て、自ら重伝染病の病原体を発見した喜びは細菌学へのめり込んでいく引き金となった。

北里柴三郎にも面目が立った。

一方、やさしく励ましてくれたフレキスナー教授はアメリカへ帰っていたが、手紙ひとつ来なかった。

ひたすら待っている純真な野口に、再びチャンスがおとずれた。

中国の牛荘でペストが蔓延していた。日本からも医師団を派遣して国際的にほかの国と医療の協力をすることになった。北里は野口に中国行きを勧めた。月給は米貨で百三十ドル。一挙にいまの六倍の月給となる。アメリカに行く費用も貯められると思い、野口はこれを承諾した。

政府から支給された検疫官の制服を着た野口英世の写真は現在でも野口英世記念館で見ることができるが、実に若々しい。真っ白な上下の服に帽子まで着用している。胸には金ボタンが五個二列に並び、袖口には金の蛇腹が何段にも縫い合わせられて、貧乏学生から一躍、晴れ晴れとした検疫官に変身した。

アメリカへの渡航費捻出のための中国行きではあったが、結局のところ片道の船賃さえも蓄えずに日本へ帰ってきた。野口の浪費ぐせは、現金を手にした瞬間からあとかたもなく消えていくような、たがのはずれたものだった。

帰朝後、血脇守之助が野口に結婚を勧めてきた。彼の放縦さは独身のためであると思ったのだろう。血脇の遠縁に当たる斉藤家当主の夫人の姪と婚約することになった。

こともあろうに、野口は結納金として千円を要求した（現在の価値で百五十万円程度）。斉藤家は野口が将来医者となって帰朝することを想定し、とりあえず渡航費として三百円を出した。そして、斉藤家はこれをもって野口との婚約が成立したと解釈した。

しかし、野口としてみれば、渡航費欲しさゆえの方便であったため、当然婚約は不履行となり、結納金の返済の問題はこの先五年間も野口と血脇、斉藤両家の間で幾度と無く繰り返される重苦しい問題となっていく。最終的に野口は結納金を踏み倒してしまうことになる。今の世の中ならば、返済どころか婚約不履行で慰謝料の請求を受けるところだろう。

しかし、その結納金の三百円もまもなく消えてしまう。野口は送別会と称して渡航費を飲んでしまったのだ。それでも渡米の日は差し迫っている。最終的に野口の渡航費は血脇医師が工面する事になった。

一九〇〇年十二月五日、横浜港を出港。

そのとき、血脇守之助は苦労して工面した船の切符を乗船するまで野口に持たせなかった。

船室に確かに野口を入れてから、見送るために下船した血脇は友人の小松緑なる外交官がワシントンに赴任するため野口と同船であった事を知り、船中でのことをくれぐれも依頼している。

「他人に金銭の援助を求めない事。自立心をもつ事。生活の規律を守る事」

守之助は声涙とともに最後の忠告を与えたものと思える。

それは、多分、守られないだろうとは思っていたが、このままの野口であっては外国での信用をなくし、勉学のうえにも支障をきたすとの懸念は強かった。

十二月二十二日、船はサンフランシスコに入港した。いよいよアメリカ大陸に上陸する。野口はパレスホテルに着くとすぐに船中での様子を血脇夫妻に書き送った。

大陸を横断してフィラデルフィアに向かう。ユニオン・パシフィック鉄道に乗り、五日間の旅となるのだが、多分野口は知らなかったと思うが、サクラメント、ソルトレイク、ロックスプリングス、シャイアン、オマハと続く鉄道のステーションには福島県の会津若松、二本松、福島から十数家族が鉄道工夫として移住していたのだ。

多くの日本人は、いったんメキシコに着き、グループごとに国境を越えてアメリカへ密入国した者も多かった。そういう日本人パイオニア一世が作ったユニオンパシフィック鉄道に乗って野口は東へ向かって行った。

フィラデルフィアには一九〇〇年十二月三十日の午後に到着した。

Ⅱ　メリー・ダージス

十二月三十日、野口はペンシルベニア大学でフレキスナー教授と劇的な再会を夢見ていたが、教授はクリスマス休暇で医学部のローガンホール（旧メディカルホール）にはいなかった。

しかし、彼のポケットには九ドル四十セントしか残っていなかった。

休暇中の大学構内は無人に等しく、野口は事務所でその日の宿を提供された。そして事務所の計らいでフレキスナー教授と面会することができたが、フレキスナー教授は野口を憶えてはいなかった。

「試験管洗いでもなんでもいたします」

野口は教授に懇願した。

フレキスナー教授は、社交辞令の一言を信じて渡米してきた野口に憐れみを感じ、

「毒蛇を捕らえる事ができるか？」

と言ってローガンホールに連れて行った。

野口は一回で毒蛇を捕まえた。そこでフレキスナー教授は「明日からいらっしゃい」と言った。右手は不自由な左手に比べ、数倍の握力を発揮した。かつて、「手ん棒」と言われた野口

野口博士とフレキスナー教授（プレセット博士提供）

は見事にそのハンデを乗り越えたのであった。

数年後、フレキスナー教授はニューヨークのロックフェラー研究所に招聘されたとき、野口英世をロックフェラーに推薦し、二人でニューヨークへ転任した。ニューヨークは野口にとって生涯をかけた研究の舞台となる。ジョン・D・ロックフェラーと野口の出会いは、お互いに非常に重要な意味をもつものであった。

そして、もう一つの重要な出会いがニューヨークで野口を待ち受けていた。

野口は、日本にいる時から父・佐代助の酒豪を受け継ぎ、酒量はかなりのものであった。ロックフェラー研究所の研究員とのプライベートでの交際は無かったが、下町の酒場、ルーチョウ・レストランでジャック・グルンバーグ、ピアニストのマーテル・オーエンスらと知り合い、親しくなる。そこに、メリー・ロレッタ・ダージスという目が大きく、大柄なアイリッシュ美人がいつも同席し、野口と次第に親しくなっていく。

二人は急速に親しくなり、互いに「ヒデー」「メージー」と呼び合ってバーを飲み歩いたり、ジャックとマーテルと一緒にダブルデートをした。

一九一一年四月十日、野口とメリー、ジャックとマーテルの四人は夜中にハドソン川を越えてニュージャージー州のホボケンという町に遠出し、立ち寄ったバーの主人の紹介で証人となる人を探し、ここでそれぞれ結婚をした。野口、メリーともに三十五歳の時であった。四人は終生親友であった。

この時の様子は、イザベル・プレセット夫人（『野口英世』の著者）がジャック・グルンバーグに取材し、証言を得ている。後に、筆者が『野口英世の妻』を執筆の折、その資料をイザベル・プレセット夫人の没後、ミルトン・プレセット博士より寄贈された。

*

一八五〇年代よりヨーロッパの移民船はドイツのハンブルク、イギリスのリバプール、オランダのロッテルダム等から移民団を怒涛のごとくアメリカに上陸させていった。

ある移民船の記録では五百人の乗船者の中から百人もの死亡者を出した事件があった。アイルランドからの移民船であった。移民たちは食料も与えられず、病気と飢えで死亡した者が多い。悪徳移民業者は、その理由を船賃だけで食費は払ってないだろうと答えた。アメリカ政府の厳然たる規制によってその弊害は一八八〇年後半には是正されたが、メリー・ダージスの両親もその飢餓の四十五日を耐え忍び、アメリカ大陸に上陸した。

行き着いた先はニューヨークから西へ約二百四十キロのアパラチアン山脈の丘陵地帯にある炭鉱であった。そこはフランス人、オランダ人、アイルランド人の集散地でもあった。自由と富を求めてアメリカへ来た移民たちにはまだハドソンリバーの河口に「自由の女神」を見いだすことはできなかった。

メリー・ダージスはそのアイルランド移民である父・アンドリューと母・フランセスの長女として生まれた。貧困と埃の中にアメリカ市民として産声を上げたが、その半生はかつての日本の疲弊した農村に酷似していた。

メリーの多感な思春期は三人の弟たちの面倒を見ながら、炭鉱で働く父と母の留守を守る日々であった。男たちは十二時間の労働が終わると町の酒場で泥酔して家に帰る。母親はそれに耐えかね、進んで町の酒場に仕事を求めていった。まさに家庭崩壊の絵図。

メリーはその世界から抜け出したいと思っていた。ニューヨーク市から来る職業斡旋業者の紹介でニューヨークに出稼ぎに行く事を決心したのが十五歳の時。仕事は、ニューヨーク市内の一般家庭での住み込みのメイドであった。

後にニューヨークの野口の周囲の人たちは、この時代のメリーの悪評をねつ造し、日本の野口の関係者に流布した。それは、メリーがニューヨークで不特定多数の男たちと関係があり、そのうえバーの舞台で歌っていたいかがわしい女である、といったものであった。

それが野口英世の死後五十年もまことしやかにささやかれ、今日まで続いていた。

果たしてそれがメリーの実像なのだろうか？

筆者は大いなる疑問をもち、取材を重ねた。

メリーの両親、アンドリューとフランセスは、アメリカに移民したのち、四人の子供を抱えて、転々と住居を変えている。一八八〇年レイルロード・アベニューをはじめとして一九二八年までに八か所という転居の記録がある。いったいこれはどういうことなのだろう。ある年は、自分の家の向かいに引っ越すという事もあり、一本の道をあやとりのように行ったりきたりしている。まったく奇妙な事だ。

現在も残っている家はジャクソン・アベニューだけであるが、今はその痕跡も無く、空き地になっている。その空き地に立っていたときに郵便配達人が通りかかった。

「この辺はいつごろから空き地になったのでしょう?」

とたずねた。配達人は、

「もうずっと昔ですよ。家はみんな古くなって取り壊した」

といった。

スクラントンの炭鉱で働いていた人に聞くと、多くの炭鉱夫たちが肺患で死亡し、その年齢は四十五歳から五十歳代だったという。

メリーの弟、アンドリュー、トーマスも後に肺患になり、メリーのいるニューヨークへ引き取られる事になる。

二人の弟と母フランセスが住んでいた家を探し出した。ベージュ色に茶色のアクセントで窓枠を塗り、地下室付の二軒長屋である。こういう家は東部地方によく見かける建築である。

一八七〇年代、ペンシルベニア州の各炭鉱ではストライキが発生した。アイリッシュとイタリアンがその主体となって長いストライキが十年も続いた。抗夫たちは、日夜アルコールに依存し、ますますストライキは殺伐となっていった。妻や年頃の娘たちは町に出て酒場で働くようになり、家に残された幼い子供たちはカソリックの教会や親族が世話をするようになった。カソリック教会信者とプロテスタント信者との反目がストライキの事態をいっそう悪化させていた。幸いな事にダージス家は転々と住居を変えてはいたが、一家離散することなくスクラントンに残った。

一八八〇年の国勢調査ではメリーは四歳であった。両親と共に生活していた事がわかる。

後世になってメリーの年齢については二つの説が生まれてしまう。一つはメリーが野口よりも年上で、非常に高圧的な姉さん女房であったという説。そしてもう一つの説は二人は同い年であるという説である。筆者は国勢調査の記録とメリー自身が野口英世との婚姻届の際に記入したものを使用する事にした。これによると、メリーは一八七六年六月一日生まれ、野口は一八七六年十一月九日生まれである。わずか半年の差でメリーが早く生まれている事になる。たしかに六ヶ月年上ではあるが満年齢では二人は同い年である。

メリーがいつまでスクラントンにいたかという証明はできないが、一九〇〇年の調査票にはメリーの名前は記入されていない。

この頃、ニューヨークの近隣の州からは多くの若者たちが都会を目指して故郷を出て行ったという。スクラントンの町では少女たちがハウスメイドとして集団的に就職する事が流行し、メリーもその一団に加わったものと思われる。というのは、ニューヨーク市の記録に一九〇〇年メリー・ダージスはハウスメイドと記されているからだ。

しかし、これも確証があるわけではない。なぜかといえば一九〇〇年の資料中にはもう一人、メリー・ダージスという人物が記載されているからだ。同姓同名のうえに出身地もペンシルベニア州で年齢も同じ。これには筆者も振り回された。

いずれにしても、一九〇〇年前後にはメリーはスクラントンを出ていた。

メリー・ダージスが希望に胸膨らませて「自由の女神」の灯を求めて故郷を出奔するのは今も昔も変わらない若者たちの冒険であり、特権でもあるから、あながちメリーを不良少女呼ばわりする根拠とはならない。

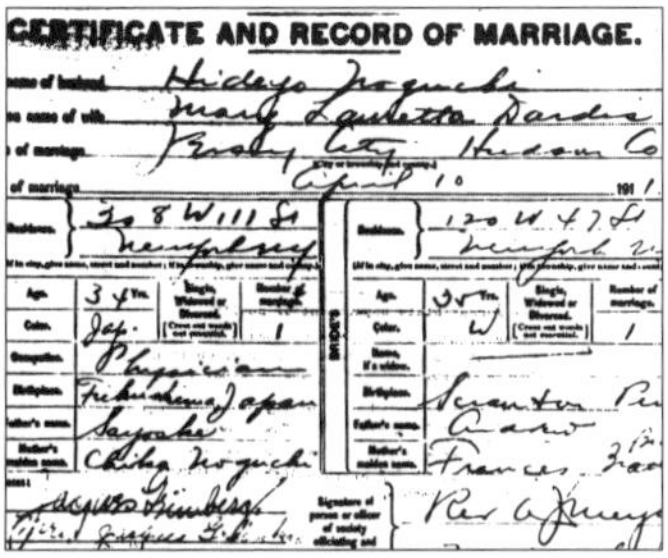
CERTIFICATE AND RECORD OF MARRIAGE.

結婚証明書

裸足で炭鉱街の路地を走り回っていた大きな目をしたアイリッシュ・ガールは、塵埃と騒音に決別した。

Ⅲ　野口との出逢い

野口はペンシルベニア大学からニューヨークのロックフェラー研究所に転任していた。それからというもの、野口は目を見張る研究成果をあげていた。

一つの大きな要因として、ジョン・D・ロックフェラーの絶大なる庇護によって他の研究員とは格段の差をもって研究費を自由に使う事ができたことである。

フレキスナー教授の夫人はボルチモア市で開業している娘である。その母は熱心なクエーカー教徒であって、社会事業や禁酒運動にも参加している名流婦人である。「アメリカの傑出した女性」のリストに名を連ねているマーサ・C・トーマスはフレキスナー夫人の姉に当たる。マーサは七歳の時に台所からの出火で全身に大火傷をするが、それによってマーサは学問で身を立てるべく数多くの大学で学位を得て、チューリッヒ大学からは博士号を受けた。そして、

結婚当時のメリー

アメリカにおいて初の女性大学総長としてブリンモール大学に就任した。このような家庭から妻を迎えたフレキスナー教授にしてみれば野口の妻の選択に関して、落胆を感じるよりも、むしろ舌打ちをしたいほどではなかったか。メリーがかなり酒に強い事も耳に入っていた。この飲酒癖も良くない印象を与えている原因であった。

また、禁酒禁煙者であるロックフェラーはなおのことメリーを受け入れる事ができなかった。

野口とメリー、グルンバーグ夫妻は、酒によって知り合った間柄であった。四人が一部屋に集まると自然にビールを飲み、次にはバーガンディー（赤ワイン）を飲む。

「メージーも飲むかい」と野口が言ってもメリーは残ったワインを流しに捨てたという逸話もあるが、果たしてメリーが野口との結婚によって禁酒を誓ったとすれば、メリーはけじめを知っていたのだろう。あるいはロックフェラーやフレキスナー教授のメリーに対する思惑を感じとっていたのか。ヒデーがどのくらいえらい人かは知らないが、医学者であり何かしようとしている段階である事は理解していた。三十五歳まで独身で過ごした女性の持っている知恵は人生の悲哀の深淵から這い上がってきた処世術であったか。

ヒデーが台所のテーブルに試験管を並べ、顕微鏡をのぞいているそばで邪魔をせずに本を読んだりティーを注いだりしていたというのも、やはり晩婚の落ち着きを物語っている。

この情景は後に日本の歯科技術の啓蒙につくした荒木紀男の証言による。荒木紀男と野口英世とは三年半の同宿であった。

若い妻ならば、一刻も黙っていないであろう。研究に没頭する夫に不満をもつばかりで、協力どころか夫の負担になっていく。その点、一見無関心のように見えるメリーの沈黙はまさに英語で言うところの「サイレント・サポート」つまり、無言の援助をしていたといっても過言ではないだろう。

野口英世は女性を批評する時によく「オールドミスだよ」という言い方をしていたというが、とうとう自分がオールドミスを選んでしまった事に苦笑していたのではないだろうか。研究所では数々の風評を得ているメリーでも、野口の日本人の友人には快く受け入れられている。友人の堀市郎にしても将棋をしにくるし、夕食も一緒にした。

留学生たちも遊びに来ては機嫌よく数時間を過ごしていくが、メリーはいやな顔一つしなかったという。でなければ、野口英世の人気だけではそれほど人は集まらない。

気前の良い野口の事だから、結構、客をもてなしたに違いないが、それにはメリーの協力なくしてはできない。メリーは一定の時間が来れば自室に退いて男たちの自由にまかせた。もちろん、彼らの会話は日本語であろうから、その意味もあって引っ込んでしまうのだ。

その家の客の出入りの多少は、主婦の人気のバロメーターだ。メリーの友人としてはジャック・グルンバーグと、その妻マーテルだけが出入りしていた。他の友人たちの交友関係の痕跡はない。

夫がところかまわず試験管を並べ、ノートの山積みをしているのを見れば、ごく親しい友人だけの交際範囲にならざるをえない。

台所のテーブルの上に並べた試験管を相手にしているヒデーは、時たまメージーに朗読をさせる。聞いていないのかと思って休むと、

「メージー、その次は?」

と、うながす。

野口が渡米した時、横浜港を出ると、すぐに読書にふけった。何を読むのかといえば、シェークスピアである。

同船の外交官小松緑に、

「英語の勉強にはシェークスピアがいちばんだ」

と平然として言ったが、小松は、

「そうかなぁ」

と感心しなかった。

今はメージーがシェークスピアを読んで聞かせている。

ハイスクールを卒業したか、しないか、判然としないメリーが果たしてシェークスピアの本

を読むことができたであろうかと疑問が沸くが、確かに朗読していたという。ジャック・グルーンバーグの証言だ。研究所の噂によると、メリーは演劇にも関心があったらしい。

サンフランシスコ生まれのイサドラ・ダンカンが珍しい衣装を考案して舞台で人気を博している時だった。メリーも野口と一緒にメトロポリタン劇場へ見に行ったかもしれない。野口はメリーに演劇を見に行きなさい、読書をしなさいと、アフリカからも手紙で書き送ってきている。独身時代には劇場にも行ったことのなかった野口がメージーと連れ立ってブロードウェーを歩く姿は、彼の生活の変化をよく物語っている。こうした楽しい家庭生活の傍らにも野口英世のスピロヘーターに対する戦いが繰り返されていた。課題は、梅毒のスピロヘーターの発見である。

気が狂ったように集中した。

麻痺性痴呆で死亡した人の脳と脊髄病で死亡した人の脳と脊髄の病理標本は百枚を超えたが、いまだ発見できない。体力も限界に近づいていく。

友人の堀市郎もメリーもなんとか休息を取らせようとするが、

「わかった、わかった。大丈夫だ」

と安心させて顕微鏡から離れない。標本は二百枚に達した。もう休もうとする直前、

「見つけたよ、メージー」

と言った。

世界の学界では、この快挙に心から脱帽した。ドイツの学界からも招聘された。野口英世の最高の喜びであった。一九一三年八月、三十六歳の夏の出来事である。日本にいる母、シカにも知らせた。シカは観音様のお陰だと言って、一層の信仰をもった。

この段階では野口はメリーの事を母には報告していなかった。恩師、小林栄から相変わらず嫁の件について通信があった頃である。


（前略）

城母ハ例ノ通リ大壮健ナリ、汝ノ大成ヲ祈リテ汝ノ帰朝ヲ待チ居ラレ候。汝帰朝ノ際ハ家母ト、城母トニテ横浜マデ出向ハルノ筈ノ相談ヲ致居候。

兼テ度々申遣候妻ノ件如何遠慮ナク申遣候様待居申候。
一、東京ノ優良学校出身ノ才媛ヲ求ムルヤ
二、若松辺リノ高女出身等ヲ尋ヌルヤ
三、又親類中ニ狭クナルカラ少クナレトモ見ルベキヤ
四、米国ニ（外人）適当ナルモノアラハ相談ニ応ズルノ考アリ。

心身自重大成ヲ日夜祈居候多忙ニテモ必ズ返書遣候様希望不堪候両母ヨリ宣敷申出候。
十一月十一日
米国なる　父より（※注　小林栄）
英世殿　家母（※注　小林夫人）
城母（※注　母シカ）

野口英世も人が悪い。これほどに問い合わせがあっても、なお、無言でいるのは、どうした理由であろうか。「父」なる小林栄は相当なる者を娶らせたいと、再三の手紙であった。ニューヨークの日本人社会で、野口英世の白人妻の噂は広まっていなかったのであろうか。血脇守之助など学者たちなどの日米交流もあったはずであるから、何も耳に入らなかったとは思えないが……。

（前略）
常の大事を成すものは並みの人と違うは勿論なれども妻を貰い候て可然存候曽て申送

候。米人にするか東京にて選択するか、猪苗代か若松よりするか兎に角申し越すべし。

大戦争（第一次大戦）の為ノーベル賞なかりしはもっともの事に候当秋迄には戦争も済むべし汝の成功を祈り居り候（後略）

大正四年二月九日
在米国　日本にて
英世殿　父・母・城母

野口がメリーと結婚して、すでに三年が過ぎていた。

なぜ、野口はメリーとの結婚を公にすることを逡巡したのか。

小林栄は、アメリカ夫人でもよい、と妥協して、早く野口に家庭生活という落ち着き場所を与えようとしている。

いつまでも独身を続ける野口に、生来の労費癖と放蕩癖からの脱却を願っている小林栄や血脇守之助にとって、野口の自覚を促す最終の手段であると考えての督促でもあった。

メリーは、野口がひたかくしにしている自分たちの結婚の原因を、単なるロックフェラー医学研究所での野口の昇格や昇給への懸念だけだと思っていたのか。または、野口が、すでに

恩師・小林栄

日本の家族にメリーのことを知らせてあると思っていたのか、そこのところははっきりしない。常識的に婚姻届を出した正式の妻であれば、当然、親族に報告するものだ。

こうした野口英世の思惑をメリーは知ってか知らずか、二人の生活は続いていた。

Ⅳ　ミス・ティルディン

野口英世に深く関わった女性で忘れてならない人にエブリン・B・ティルディンがいる。

野口はマサチューセッツ州のウッズホール海洋研究所へ出張した。出張から研究所に戻ると、彼の留守中にヘンリー・ジェームス事務長は野口の秘書を解雇していた。野口は立腹したが、のちになると、むしろ事務長に感謝すべき事柄となる。

野口英世の研究がいよいよ完璧になり、学界での評判が高まっていったのは、新入りのミス・ティルディンの影響によったといっても過言ではないし、後世の人々も、それを充分に認めている。ミス・ティルディンは九十二歳の高齢で、ニューメキシコ州アルバカーキで一生を終わるが、野口に捧げた職業上の誠実さばかりでなく、二人の仲は師弟の関係を超えた愛情関係があったと考えられる。

ミス・ティルディンは最後まで野口との関わりを誰にも言い残さずに逝ってしまった。

野口とミス・ティルディンは同じ研究室で十二年間、夜も昼も一緒に暮らしていた。研究所員のクロス夫人や他の所員の証言では、ミス・ティルディンは、ドクター・ノグチに「絶大なる信頼と限りない献身を惜しまなかった」とある。

『野口英世』の著者プレセット夫人が研究所の生存者にインタビューした時にも、野口英世との愛情問題は周知のことだと言っている。

野口英世がアフリカで殉職したあと、G・エクスタイン教授が、野口英世伝を書くにあたってミス・ティルディンにインタビューを申し込んだ。

フレキスナー教授は、ミス・ティルディンに緘口令を敷いた。それは、ミス・ティルディンとのプライベートな問題がもれるし、研究所の様子を外部に知られたくないためでもあった。

ミス・ティルディンも大柄な女性だ。メリーよりも背が高い。卵形の顔をしている。研究所のスタッフ八人で写した写真では、長い髪をひっつめて後ろで束ねた、野口英世が言うところの「オールドミス」タイプだが、のちに一人で写したものは前髪をおろして、両脇をボーイッシュにカットしたキャリアウーマンの風情である。

専攻のドイツ語とフランス語にかけてはかなり高度な力をもっていた。

研究所に入所した最初の仕事は野口英世の論文の清書であった。フレキスナー教授はただちにミス・ティルディンを呼び、ほめた。そして三百ドルの給料を支払い、正式な研究所員とした。野口英世にとって、またもや幸運をもたらす後援者が現れたわけである。

ミス・ティルディンには医学の知識があった。それは病院勤務の経験から得たもので、野口のすることに素早く対応した。

はじめは秘書として論文の作成に重点を置いていたが、ミス・ティルディンの能力は研究者としても有望な資質をもっている事がわかった野口は、弟子として育てていく気持ちになっていく。

野口英世は研究所内では「いつ、寝るのだろう」と言われるほど、夜おそくまで研究室に残っていた。夕方には研究所員は帰宅してしまうが、ミス・ティルディンは野口と一緒に研究室に残っている。野口の助手をしてよく宿直をしていたルピネックはこう証言している。ルピネックは野口の死後、野口の残務整理を一手に引き受けてメリーを助けた。さらにロックフェラー大学を通して野口の遺品を故国猪苗代に送ったのもルピネックである。

メリーも時々は夜の研究室に来ることもある。夫の帰りが遅いから心配して迎えに来るのだ。野口は忙中閑を見つけては、ミス・ティルディンと母親と共に、同僚だったハワード・クロス未亡人を連れて高級なレストランに招待して社交にもつとめたが、メリーは同席しなかった。

ロックフェラー研究所。野口の後ろの女性がミス・ティルディン
（ロックフェラー資料館提供）

クロス夫人の夫は、ベラクルス諸島に出張中に殉職した。クロス博士の死後、誰よりも親身になって助けたのは、野口英世とミス・ティルディンだ。クロス夫人が受け取った野口からの手紙は親愛に満ちた内容で、クロス夫人に魅せられた野口に触れる事ができる（プレセット夫人の記憶による）。

メリーは、ミス・ティルディンの存在を知っていた。

避暑地のシャンデーケン山荘にも研究上の問題で、ミス・ティルディンから手紙が来る。もちろん、メリーが読んでもわからない論文の用件だけではあるが、野口はすぐに返事を書く。静養に来ているときには仕事を忘れるように、とメリーは言うのだが、「メージー、ちょっとだけ」と机に向かう。そういう時に、メリーは、確かに疎外感を味わったに違いない。

ミス・ティルディンの助言を素直に受け入れる野口と、よりよい論文に仕上がっていくのを、フレキスナー教授は会心の笑みをもって見つめていた。ミス・ティルディンはフレキスナー教授とも「教授と助手」との波長がかなり合っていた。ミス・ティルディンが、フレキスナー教授に書いた手紙には、研究以外のプライベートな感想をも述べている。

夏休みの終わりには余分な休日を追加していただき、ありがとうございました。

ミス・ティルディン

ニューヨークのいやな暑さは、私の休暇を台無しにするところでした。おかげさまで、いただいた余分の休暇はウッズホールで過ごします。また、田舎のほうにも行ってみます。田舎の家々には蔓ばらが壁に延びていて素敵なところです。

私の父がいた所ですが、それは若い時でした。私の生まれる前のことです。


そんな打ちとけた書き方をしているミス・ティルディンはきっとフレキスナー教授にも気に入られていたのであろう。

気難しい大御所とされているフレキスナー教授には、人を見抜く鋭い観察力と包容力があったのだ。野口英世は研究所内では「フレキスナーボーイ」と言われるほど、フレキスナー教授の掌中の玉であった。ミス・ティルディンも野口の掌中の玉であった。

筆者は一九九一年四月ウッズホール海洋研究所を訪れた。

ニューヨークから飛行機で一時間、マサチューセッツ州のボストンまで行き、ケネディ家のあるハイアスポートの近くにある、岬の突端に位置するウッズホール海洋研究所を突然に訪れた私に事務局の人々は大変親切に協力をしてくれた。

ドクター・ノグチの知名度はここでも高く、誇らしく思った。

もう一つの原因は、一九七五年九月、昭和天皇、皇后両陛下が、御渡米の折に、天皇のご希望で、世界的な海洋研究所であるウッズホールにお立ち寄りになった日を研究所員がいまだ覚えていた事で、その時の様子を写真に見せながら説明してくれた。

図書館のファイルボックスには、野口の研究資料がたくさんあった。その中に野口とミス・ティルディンの共同名義で論文が掲載されていた。

野口英世やミス・ティルディンゆかりの地に立って、過ぎ去った九十年近い歳月に思いをはせた。野口が日本人留学生と一緒に写した船着き場は、今も、そのままの姿で海に突き出ている。磯の香りがぷんぷんと匂っていた。

ニューヨークとウッズホールで研究したものは、ミス・ティルディンに将来の指針を与えた。野口英世はフレキスナー教授の同意を得て、毎週金曜日にコロンビア大学の大学院にミス・ティルディンを通学させることに成功した。これは野口にとっても、よい影響を与える事になる。正規の学問（大学教育）を受けていなかった野口にとって、ミス・ティルディンの受けた学問的訓練は目の覚めるような手際の良いものであった。

クロス夫人の証言でも、ドクター・ノグチとミス・ティルディンの関係は、大方の困難を克服していく相い通じる間柄であったとある。

また、ミス・ティルディンは身長が五フィート九インチ（約一メートル七十五センチ）と高すぎ、逆にノグチは五フィート二インチ（約一メートル五十七センチ）と低すぎて、二人がホールを歩いている姿は決してつりあっているとはいえない、面白い光景であったという。

コロンビア大学で微生物の課程が終わったミス・ティルディンに、野口は今度は生化学を専攻するようにすすめた。

一九二三年九月二十二日、ミス・ティルディンはフレキスナー教授に手紙を書いた。


コロンビア大学での微生物学の課程はおわりました。次の課題は生化学を土曜日（朝九時から六時）にとることになりました。野口博士も希望し、まったく喜ばしい事です。どうぞ賛成してくださることをお知らせ下さい。


とある。もちろん、フレキスナー教授は喜んで賛成した。

こうして野口とミス・ティルディンは十二年間を同じ研究室で過ごす。

野口は家庭で過ごす時間よりも研究室で過ごす時間のほうが長かった。二人が研究上での喜怒哀楽を互いにぶつけ合っていた事は確かである。

野口英世は、一九二七年八月二十日、シャンデーケン山荘からフレキスナー教授に、ミス・ティルディンの十年間の勤続と功績に対して、休暇をかねて、ペルーのリマへ派遣する事を勧めた。「危険な区域に行く必要はないし、パナマにいるニコラスが面倒を見てくれるはずで、よい試みであるし、私にとっても有り難いものです。私は今、トラコーマのことで忙殺されています。しかし、彼女にトラコーマの論文を寄稿します。どうぞ九月までにご裁決下さい。このことを他言はいたしません」と書き送っている。

野口は、ミス・ティルディンに報いるために、いかなる方法をも活用しようとした。それは師弟というよりも伴侶としての深い思いやりのようである。

彼女は、野口という栄養を充分に吸って科学者として着々と成長していった。

野口英世の没後、一九三〇年、ミス・ティルディンは一九一五年から一九二七年の十二年における野口英世のアルバムをミューラ博士と合作で仕上げ、それをフレキスナー教授に贈った。

この十二年間は、ミス・ティルディンが研究室で野口英世と共に過ごした密度の濃い時期であった。後年、ロックフェラー医学研究所を出てノースウエスタン大学の教授となり、一九五四年に退職後、シカゴのブルックフィールド動物園のスタッフとして二十年間を送る。

一九五四年といえば、筆者はちょうどシカゴにいた。前年の秋、夫とともに日本からシカゴに移り住み、二人の子供が翌年と翌々年に生まれたころだった。夫はイリノイ工科大学に通学し、私は内職をしたり、製本工場に働きに行ったりしていて貧乏学生の最たる味を味わっていた時であった。日曜日には一九三九年のシボレーのオンボロ車で、二人の子供を連れてブルックフィールド動物園へよく行ったものだった。今、写真を取り出してみると、動物園の風景がいくつもある。ちょうど、その頃、ミス・ティルディンと同じ空の下にいたわけである。

動物園を退職すると、彼女の従兄たちが住むニューメキシコ州アルバカーキ市の養老院で余生を送る。かつて野口英世がアルバカーキにおいて、大量に発生したトラコーマが多くのインディアンたちを失明に追い込んでいた状態に非常に同情し、治療に来たところである。この時、野口英世は故郷猪苗代の人たちのトラコーマを献身的に治療していた。

ミス・ティルディンはワシントン科学アカデミーやアメリカ微生物学界の会員に推挙されて科学者として有終の美を飾った。

そして一九八三年十月二四日、親類の人たちに看取られながら他界した。九十二歳の天寿を全うしたミス・ティルディンは生涯独身であった。遺骨は両親の眠るメーン州に送られて、青春の日々を過ごした美しい故郷の土となった。

Ⅴ　シャンデーケン山荘

野口英世の遺言を発見した一九八九年十一月十三日は筆者にとって重要な日となった。身寄りのない人たちを追跡して費やした日々に、何度となく「メリー夫人」を諦めようかと思ったが、少し日が経つと、いや、このままにしておくことはできない、という想いが私の胸の中につのってくる。

この取材旅行が最後になるかもしれないと思った。国内とはいえ、西海岸のロサンゼルスから東海岸のニューヨークまで五千マイル、時差は三時間もある。アメリカは広い。女一人で訪ね歩くには危険な場所もあった。ただ、やむにやまれない気持ちとでもいうのだろうか。私が野口英世の魅力にとりつかれていたともいえる。しかし、本音は、諦めの方向に向かっていた。あまりにも大きな主題であり、私の手に余っていたからだ。

それが、遺言状発見によって急に私の中に活力が湧いてきた。

今までの資料を、もう一度洗い直して再出発のスタートラインについたわけである。

登記所をあとに、教えられたとおりにキングストンを出発した。ランチタイムは、とっくに過ぎていたが、火事場のばか力というけれど、夢中になっていると空腹感もなければ、疲労感もなく、体は軽やかに、精神は高揚していた。われながら思わぬバカ力におどろいた。取材を終えてマンハッタンのホテルに帰りついたのは夜の八時半で、まる十時間、何も食べずに車を飛ばしていたわけだ。

紅葉はすでに落ちて、木の根もとには深々と茶色の枯葉が積もっている。緩やかな丘陵地帯をしばらく行くと、右手にコバルト色の水をたたえた湖が見えてきた。地図で見るアショカン湖の一部であろうか。風はヒュウヒュウと湖をわたり、海のように波立っていたが、その水の青さは空よりもすんだ空色で、しばらくは寒風の中に立って湖面を見ていた。人家はないが、湖面から湖畔、山裾へと広がっていく風景は猪苗代の冬景色そのものだった。山と林と湖との中を通り抜けて、やっと家並みが見えてきた。

新道と旧道に分かれる所を目印にしていたが、やはり間違ってしまった。また逆戻りして旧道を探し出した。そのまま行き止まりまで行けば、シャンデーケンというビレッジだ。そこが、野口夫妻が一番愛した所なのだ。ロックフェラー研究所で疲れると、野口英世はメリーと、この山荘に来る。

時には、日本人留学生も泊まりがけで押しかけてくる。夫妻の楽しい夏の思い出が、一杯にあるところだ。

旧道のプランクロードの行き止まりで、いったん車を降りることにした。その前は小さな食料品店だった。車を降りると、道路は水っぽい雪がざくざくとしたぬかるみだ。すぐそばに小さい橋があると聞いてきたから、多分、この橋の手前で良いのだ。

急いで食料品店の前の道を渡った。

「あった！」

古い写真で見たとおりの家が雪の中にあった。私は「あった、あった」と独り言を言いながら雪の中を走った。

広い庭は誰の足跡もなく、ふんわりと全体を覆っている。

裏の納屋の位置も、そのままだった。その裏側にエソプスの渓流が岩にくだけてさらさらと流れていた。この渓流で鱒を釣ったのだ。土手にも川の中の岩にも雪が積もっていて美しい。川岸の木々は七十年の月日を経て一本もなく、丸い石が累積しているだけであったが、山荘は七十年前の姿のままである。入り口の階段も、回廊の柱も窓も思わず手でさわってみた。

ぐずぐずしていては帰りの道が暗くなる。もう一度振り返って「シャンデーケン山荘」を見た。黄昏の中にゆったりとした勾配の屋根が美しかった。土地の登記には敷地の情景が詳細に書かれていた。

「シャンデーケン・タウン通称シャンデーケンセンター敷地の境界線としてワイヤーと石材でできた垣根があり、裏庭にエソプスクリークが流れ、松の木が川淵まで茂っている。川口には納屋があり、バターボール（植え込み）がある。他に、栗の木、山桜、松の木が植えてある」

六・九エーカーの敷地は隣接の土地をも購入したもので、三人の所有者が同時に野口英世に売却した。この広さは、小さな山村では最大級の土地所有者ということになる。

母シカに書き送った間取りは、

平屋造り
応接間　十尺に十二尺
食堂　十五尺に二十四尺
書斎　十二尺に十五尺
台所　十二尺に十四尺
浴室・便所　八尺に十尺
寝室　二間十五尺に十二尺
周囲、三面を廊下にて囲む（幅九尺）

と野口英世は手紙に書き、夏は非常に快適であると付け加えている

私は一九九一年四月、再びシャンデーケンの山荘を訪れた。

「本当に、ここが野口夫妻が十年もの間、愛用していた山荘だったのか」と、初めて家の中に一歩一歩ゆっくりと進んだ私は、不思議な気がしてならなかった。山荘の存在すら定かではなかったから、現に床の上に立っている自分が夢を見ているのではないかとさえ思った。

リビングルームには自然石をはめこんだ暖炉があり、その向かって右側の書斎は、野口英世がデザインしたオリジナルのものだ。

台所の流しの前には窓があり、裏庭を通じてエソプス川の土手が見える。土手をおりれば、すぐに川面に達する。ベッドルームは前庭と後ろ庭に面して、それぞれがあり、その中間にはバスルームが位置している。ベッドルームの天井から下がっているランプは昔のままだといわれるように、まさに今世紀のファッションでアンティークなものである。

家主であるメロディー・アイカット夫人の好意で野口夫妻のかつてのベッドルームに泊まることになった。この部屋に泊めてあげますよと言われた私は嬉しさよりも怖さがあった。探し求めていたメリーの姿が、ここまで私を引っ張ってきた不思議さに、言うべき言葉もなく、じっとベッドの上に腰をおろしていた。

いつの間にか眠ってしまった私は、部屋の電気を消すのも忘れていた。夜中にメロディーが起きてきて、電気を消してくれた音で目が覚めた。メロディーもなんとなしに眠れないと言って二人でぼそぼそと話し出した。「今夜は野口夫妻が現れてくれないかしら」と冗談を言ったが、とうとう夢にも出ないで朝を迎えた。

山の朝はもやがかかり、辺りは乳色をしていた。回廊に出て朝の明けるのを待った。もやがだんだんと薄くなっていく様子を見ていると、私も現実に引き戻されていった。

野口夫妻は、ニューヨークから、ここまで何回往復した事だろうか。時には鉄道を利用せずに野口のドライブで山へ行った。メリーは夫の下手な運転に、はらはらとしてあまり喜ばなかったという。

一九二七年の夏は野口英世にとって懊悩と焦燥の交錯する苦しい夏となった。黄熱病原体発見について、学界で、その真偽を問われていたのである。

野口英世は決断をした。

アフリカのアクラで猛威をふるっている黄熱病に向かって戦いを挑むことだ。そして、その準備のために山をくだってニューヨークに戻った。

そして、彼は、再び、この山荘に戻る事はなかった。

シャンデーケン山荘

その夏のシャンデーケンは雨が多くて寒かった。野口英世は遅々として進まない論文に気が滅入るばかりだった。裏のエソプス川に出て鱒でも釣ろうと思い、長靴をはいて出た。朝方まで釣りをしていたが、川の深みに落ちた。めったに、そんなことはなかった野口であったが、どうしたのだろう。

雨がやんだ日、堀市郎からもらった絵の道具を出して絵を描いた。鱒の絵も、百合の絵も、遠くの山の絵も、みな、この山荘で描いたものだ。これらの絵は現在も残っていて猪苗代の野口英世記念館にある。

メリーも一緒に川におりてきて夫のそばに座ってタバコをふかしていると、

「メージー、タバコの火をつけるから魚がかからないよ」

野口は穏やかに言う。

『野口英世』の著者、ガスタフ・エックスタインは、その様子を記録している。メリーは酒も飲むし、タバコも吸う。研究所の者たちも知っていた。そのような陰口も野口は意に介さなかった。メリーは酒を飲むと、少し強くなって怒ったりするが、そんなことは大したことではない。研究所員の妻たちは、上司の妻の機嫌を取り、有名店のドレスを買いたがる。そんな女たちよりはメリーのほうが、よほど妻らしいと思っている。

料理は好きではないらしかったが、ローストビーフを作ったりして堀市郎やグルンバーグ夫妻に振舞うこともあった。教育がないといっても、シェークスピアの本を朗読してくれたし、野口には、それで充分であった。

野口の心遣いか、小林栄夫人が病気の時に、メリーの名義で見舞い金百円と菓子を日本へ送っている。そのおいしさは、今まで味わった事もないもので、親戚一同に分け与えて食べたと伝えてきた。メリーの気の利いた好意に、野口の面目がたった。

母シカの死によって、妻メリーの存在の大きさに気がついた野口英世はメリーを頼りにしていった。

メリーが酔って、野口を部屋中追い回したと伝えられているが、もし、それが事実であっても、決してメリーが性悪の女だと決めつける材料にはならない。

日本から留学してきている者たちは、陰忍自重の日本の妻たちを見慣れているから、夫と一緒に酒を飲み、夫と手を組んで映画を見に行くような女はふしだらだと思うだろう。亭主関白の日本の男がもつ尺度では、メリーは桁外れな妻と思われるのが当然だ。自己主張のない、台所の陰にひっそりと座っている日本女性と欧米婦人とは違うのだ。

体格の良いメリーが、夫の友人たちと互角に酒を飲めば、女のくせに大酒飲みだと思われても仕方がない。私も四十年近いアメリカ生活で、多くの人種の婦人たちを見てきた。その尺度からすると、メリーの飲酒はとりたてて騒ぐほどではない。

ランチタイムにオフィスから出てきた女性たちは、ワインのグラスを二つも空にして顔色も変えずにオフィスに戻って仕事に就く。マティーニでも昼間から飲む。そんなことは日常茶飯事なのだ。メリーの味方をするわけではないが、メリーがアルコール依存者だったという事実はない。

夫婦喧嘩は、どの夫婦もする。とくに新婚時代はするものだ。ヒデーとメージーの喧嘩も麻疹のようなものだ。そうこうしているうちに、夫婦の歴史が作られていくのではないだろうか。それでなければ、野口夫妻の十七年間の結婚生活はあり得ない。

VI　グッドバイ・メリー

一九二七年のシャンデーケンは何となしに沈んだ空気だった。医学界での論争が無言の圧力をもって、日に日に野口に覆いかぶさってきた。

彼自身、腹をくくってかからなければならない時が来たことを感じていた。山荘に引きこもり、新聞も読まないし、ラジオもきかないことにしていた。なぜか今頃になってニューヨーク東六十五番街にいた頃の放蕩をあばきたてられはしないだろうか、持病と称している心臓肥大もかつての梅毒感染の後遺症だと言われはしないだろうかと、ありえない想像をして苦しんでいた。被害妄想の一歩手前である。

九月一日、シャンデーケンからニューヨークへ帰った。そして研究所で、

「私はアフリカへ行く」

と、宣言した。

研究所員も友人も驚いて顔を見合わせた。

メリーの耳にも入った。彼女は反対した。

その日には一つの悲報が入った。友人のニコラスがパナマ運河で死んだ。盲腸炎が原因だっ

野口英世が描いたメリー夫人
(野口英世記念会提供)

た。野口はニコラスが可哀そうだと、誰とも口をききたがらなかった。心から悲しんだ。

友人たちが殉職していく中で、野口英世のアフリカ行きは決定した。

日本人の友人たちも博士を引きとめた。

悪い時には悪いことが重なるものだ。九月十九日、ストーク博士がアフリカで死んだ。やはり黄熱病の研究でアフリカに行っていたのだ。

これらのことはメリーには話さなかった。彼女が泣いて引き止めるだろうと思ったからだ。

友人たちもメリーの前ではアフリカ行きの話は一切しなかった。だから、ヒデーはもうアフリカには行かないだろう、とメリーは思っていた。

「メージー、アフリカに行くよ」

「行ってはいけない。ヒデー」

「すぐ帰ってくるんだから大丈夫だ」

二人は黙ってしまった。

一度決めたことはかならず実行するヒデーだから、多分、もうなにを言っても聞いてはくれないだろう。

準備はどんどん進められていた。

この頃、野口英世の胸像を作る計画があった。製作者はロシア人の彫刻家コネンコフだ。現在、ロックフェラー大学図書館の入り口にある胸像が、それだ。腕を組んで、あごを引き、目はくぼんでいるが、しっかりと輝いている。髪の毛は仁王さんのように巻き上がっている。闘志と思索にふけっている晩年の姿である。アフリカ行きの準備はすべて完了した。野口の顔の色はますます悪くなっていた。メリーのことは気にかかっていたであろうが、それを振り切って行く野口英世の心境は苦悩に満ちたものだ。

十月二十二日、ニューヨーク港を出港する。

メリーは埠頭には行かない。ジャック・グルンバーグと妻のマーテルが見送りに行ってくれた。メリーはヒデーの後ろ姿を見た。それがヒデーを見た最後となった。

船はイギリスのリバプールで乗り換えてゴールド・コーストまで南下する。ラゴスに行くか、アクラに行くか、行き先はまだ決まっていなかった。

Ⅷ　メリーとミス・ティルディンの不思議な愛

野口英世は研究室の整理をミス・ティルディンに託したが、もう一つの頼みごとをした。

野口には、月給の他に補助金が支給されていた。本給だけはメリーに明細書を見せるが、補助金のほうは見せないことにしていた。研究所員はメリーが浪費するからだろうと思っていた。実際のところは単なる野口のポケットマネーと考えてよいだろう。

ミス・ティルディンに託した金は、万一、野口が帰らなかった場合に猪苗代の姉イヌに送金してほしいと頼んだものである。この時、ミス・ティルディンは私も一緒にアフリカへ行くべきだったと後悔したと、述懐している。

野口英世の研究への執念は終局に向かっていた。道は狭く、曲がりくねっている。履いている靴も重くなってきた。脱ぎ捨てようとすると、かかとから血がにじんできた。しかし、完走したいという熱い想いが野口英世をゴールに向かわせた。

筆者はそのような姿を想像した。

野口は十二月二十四日、フレキスナー教授にクリスマスカードを送った。

メリーにも同日に手紙を書いた。

一九二七年十二月二十四日　クリスマス・イブ

私の愛するメージー

黄熱病菌を発見するために一生懸命やっている。ここでは、まだ黄熱病は発見されていないけれど、遠いフランス領から血液を送ってもらうので、直接、患者をみる必要は無いのです。

私は、もうすぐ菌と治療法を発見し、人々を黄熱病から守れるようになる事を願っている。前に書いたように、これは南アメリカで研究した病気ではない。

私は元気になりましたし、健康状態も上々です。

今は、クリスマス・イブ。メージーがいなくてさみしい。メージーも、そう思うでしょう。

病原菌を発見したら、すぐ帰る。

どうか何ごともないように。

私のことは心配しないで。さみしがらずにね。

良い本を読んだり、映画や劇を観に行きなさい。

トムはよく来てくれますか。ジャックとアンディにもよろしく。誰にも手紙を書く暇もない。フレキシナー先生にさえも。今夜はアメリカ人の医師たちと夕食を一緒にします。

みな私のために働いてくれる人たちです。

さあ、私は研究室に行かなければならない。

愛をこめて筆をおきます。

貴女のヒデーより

――『野口英世書簡集』より（筆者訳）

ニューヨークから乗船したシィシア号の第一の寄航は英国のリバプールだ。東は英国、西はアイルランドにはさまれた海峡だ。アイルランドの首都、ダブリンとほぼ同緯度にあるアイルランドを野口は見ることはできなかったが、メリーの両親がこの海峡を越えてアメリカへ移民した事を思い出したことだろう。

北の海は灰色がかった青い色をして、波は高い。

リバプールからアッパム号に乗り換えて一路南下して目的地に着く予定だ。リバプールで研究資材を積み替える仕事がある。数多くの箱やバスケットの数を点検するのも野口自身がしなければ気がすまない。

仕事の事はメリーには、かつて詳しく説明したことはなかったが、手紙では、かなりうちあけた研究過程や抱負を語っている。

手紙にもあるように、良い本を読むことを勧めている。メリーには教養がないと研究所員の噂があるが、かなりの読書家だった。野口の英語力のハンディキャップをメリーなりに手助けしていたのだろう。

アフリカに出発する前に、野口がミス・ティルディンに託した金について、ミス・ティルディンは、野口夫人には家計を任せられなかったのでしょうと言っているが、それはミス・ティルディンのうぬぼれか、野口が女心をたくみにつかんだ所作だったのかもしれない。

在ニューヨークの薬学者星一（福島県出身。野口と同郷であり親友。星製薬の創立者。小説家星新一の父）は当時大病にかかり、その際メリーの手厚い看護を受けたことをアフリカの野口に感謝を込めて書き送っている。小林栄も、メリーは家事一切をよく切り盛りし、人とのつきあいにも快く出て行くといった野口を助ける姿を証言している。野口の手紙からメリーは家計の管理も良くしており、安心している。とも書いている。

ミス・ティルディンとメリーは互いに会ったのは数回で、野口の死後は残務整理のため、文書の交換はあっても直接には会っていない。

というのも、メリーは野口の研究に対しては大変気を遣っていた。遅くまで研究室に残っている野口を迎えに来る時も、突然には研究室に入らない。それを知る野口は、助手のルービネクにわざわざ今日あたりはメリーが来るからよろしく頼むと言ったという。

ここ十数年来、野口にとってミス・ティルディンは最高に必要な人だった。

同時にミス・ティルディンは野口が自分の学位論文に充分な教示を与えてくれる恩師でもあ

ったから、献身的に野口を支えたことで、メリーよりも仕事の伴侶としての自信があった。妻の知らないところで妻らしい働きができる密かな喜びで満足していた。メリーと張り合う必要を感じていない。

二月になってからも野口からメリーに手紙が来ない。元気でいるだろうか。

二月十日から十一日にかけて

ミス・ティルディンへ

この手紙はどちらかといえば、みすぼらしく短いものです。というのは、フレキスナー教授に長い手紙を書いたので、疲れ果てました。

今、朝の五時三十分です。辺りからにわとりの声が聞こえます。三十分もすると夜が明け、南洋のように十二時間の昼間と十二時間の夜となり、空気は少し冷たいけれど、厚い下着も上着も要りません。

ドライシーズンでサハラ砂漠から砂塵が吹き、家具にはひびが入り、がたがたになるほどです。

（中略）

アクラ研究所にて。左から野口、マハーフィー、オブライエン、ヤング

私は絶対に私の仕事を続けます。今、日が昇りました。私はねむりにつきます。しかし予定は進行させます。一ヶ月ちょっと前には入院していましたが、今はちゃんとしています。たくさん答えなければならないけれど、どうぞお許し下さい。

ごきげんよう

野口英世

（筆者訳）

「（中略）」の所は実験の経過をくわしく伝えている長文のものである。ミス・ティルディンはアクラで手伝ってやりたい気持ちになる。きっと疲れているだろう。のちにプレセット夫人にも語っている。

一九二八年二月十七日

私の愛するメージー

この前の電報では心配したけれど良くなってよかった。あなたから離れて悪いと思います。でも、仕事をしなければなりません。

あなたがさびしいという事は充分わかっているけれど、私とて同じです。

私に人生の価値ある仕事を終わらせるチャンスを下さい。今日で三ヶ月になるけれど、まだあと二ヶ月はかかるでしょう。

私が家に帰る決心をしたら出港の日時を知らせます。

この手紙が着く頃には家に帰る準備の電報を打つことができます。どうか、しんぼうして仕事が成功するように祈ってください。

一月には胃が悪かったけれど、ドクター・マハフィーと一緒に住んでいることによって、正しい食生活をするようにしています。私は一日中、忙しくて手紙が書けません。私は誰にも会わず、町のことも、人のことも知りません。朝早く研究室に行って夜遅くまで仕事をしています。

充分に睡眠をとっています。健康のために私は、たくさん寝る必要はないのです。

今、黄熱病の予防と治療の仕事をしています。進化を発見することを願っています。ここには四百以上の猿がいます。ここ以外の所では、たくさん飼うことはできません。ロックフェラー医学研究所ではできません。ここで仕事を終えなければならない一つの理由です。今日の午後、イギリスに向けて船が出ます。間に合うように走り書きをしています。

すべての手紙はイギリスを通しています。あなたの送ってくれた家具のカバーのサンプルはとても気に入って好きです。
トムによろしく。彼が大丈夫であるように。スクラントンにも、ジャックにもマーテルにも。
ヒデー
二伸
この次に、帰る時の船の日時を知らせますが、埠頭で会えるでしょう。
(筆者訳)

メリーには神経痛の持病があったから、多分、それで具合が悪かったのではないか。何度もメリーに「寂しい」と書いている。
この後、メリーには電報でくるようになる。

一九二八年三月五日朝八時二十五分

大変に忙しい。手紙を書く暇もない。どうか私に手紙を書いてほしい。あなたの言葉が、いつも私を元気づけてくれる。
寂しいが、四月末まで、ここにいる。その前には仕事を終わらせることはできない。
電報で返事をくれ。
追伸
電報代二十七ドル七十二セントは支払済み。
ヒデー
(筆者訳)

小林栄は一度野口に、子供はできないのかと手紙で聞いている。

三十五歳で結婚したメリーには少し年齢的にも無理ではなかったかと思うが、もう一つの理由は野口のほうにあった。

メリーと結婚する前、すなわちデンマークへ留学するときに、まだ斉藤家の姪の婚約問題が解決していない苦しい胸のうちを表した一端に「自分は満足な子を得られないかもしれない」とある。彼は梅毒を完治したという自信がなかったから、もしや不具の子ができる可能性を慮っての言葉ではなかったか。医者として医学的に考えてのこともあったかもしれない。それとも、斉藤家の姪のように、教育もない妻を得ては良い子どもが生まれはしない、という野口の傲慢さからの言葉か。

現在では、野口が、どういう理由にせよ梅毒にかかっていたという事実は否定しないが、フレキスナー教授は野口の死後も、そのことについては口を閉ざしていた。それは野口の名誉ばかりではなく、ロックフェラー医学研究所の名誉にもかかわることだった。

アフリカからの手紙は続く。

一九二八年三月二十一日

黄熱病原菌を発見した。もう少し留まって予防と治療法を発見しなければならない。辛抱して完全な成功を祈ってほしい。もう終わりは近い。愛している。

ヒデー

一九二八年四月五日

しばらく手紙が来ないので心配している。

どうしているか、すぐに電報で知らせてほしい。一生懸命やっている、五月中までには、ここを発ちたい。あなたから離れていて済まないがどうする事もできない。あなたが恋しくなっている。愛を込めて。あなたのヒデー。

電信料は前払いしてある。

一九二八年四月七日　アクラにて

今、満月だ。研究所から帰りながらあなたのことを思って、とても悲しい。でも、それも、もう終わり。心配をしないで。この冬はあなたのリューマチが、ひどくならないように願っている。アンディとジャックにもよろしく。

愛とキスと共に。

ヒデー

一九二八年四月十日　アクラにて

あなたの電報と手紙が今日届いて、とても嬉しかった。あなたが元気でアンディと一緒なのが嬉しい。彼もあなたも充分気をつけてもらいたい。仕事は難しいが、元気だ。五月中頃まで、ここにいるだろう。

愛している。心配しないで。

ヒデー

一九二八年四月十一日　アクラにて

今日は私たちの十七回目の結婚記念日。変わりはないと思う。私も元気だ。

ヒデー

一九二八年四月二十三日　アクラにて

五月十九日か六月二日に、こちらを発つ。決まったら、汽船の名前を電報で知らせる。しばらく手紙が来ないが、無事でいることと思う。完成のために精一杯やっている。

ヒデー

一九二八年五月一日

五月十九日にこちらを発ち、六月中頃までには帰れるでしょう。決まった正確な日と船の名前を知らせる。家のほうはすべて順調だと思う。

ヒデー

――以上『野口英世書簡集』より（筆者訳）

日付がわからない電報が、これから七回も来る。五月一日から五月二十一日までの三週間に七回とすると三日に一度は電報を打っていたことになる。そして文面もだんだん短くなってくる。この時、すでに野口の病状は進行していた。それでも「私は元気だ」と言っているが、実際は、もう立ち上がれないほどに衰弱していた。

決して弱音をはかなかった、かつての野口が、ここにある。

苦しくとも、悲しくとも、涙などみせる野口ではないが、三日も電報が来ないと不安になる。「メージー、早く」と悲痛に叫んでいる。

これ以上野口の真の姿を吐露しているものはないであろう。

この頃、ニューヨークにいるメリーには悲しい出来事が起きていた。スクラントンにいるメリーのすぐ下の弟アンドリューが重い病気にかかって亡くなったのだ。野口への手紙にはアンドリュー死亡のことにはふれていない。すでにアンドリューは、この世の人ではなかったが、野口の四月七日の手紙にはまだ「アンドリューによろしく」と書かれている。

野口は最後までアンドリューの死について知らずにいた。しかし二番目の弟トーマスが健康を害している事は知っていたと思われ、「トーマスによろしく。彼は大丈夫か」としたためている。

メリーはアンドリューの死を野口に知らせることなく一人で耐えた。その時の心情は想像にあまりあるものだ。しかし、野口は、そのような事情も知らず、「メージー、手紙をくれ！」と何度も電報を打っている。返信料まで送っているのだ。

筆者は一九九二年、原稿を書き終えた次の日にアンドリューの死亡通知を手にして、メリーの野口に対する不可解な音信不通の原因を知る事ができたのである。

しかし、後世の人々は「なぜメリーがアフリカに手紙を出さないのか」「あの夫婦は冷たい関係にあったのだ」と憶測を交えて語り継いできた。それはメリーに対してはあまりにも酷な風聞だった。

アンドリューの死後から二ヶ月後に夫、野口英世も、この世を去った。

打ちひしがれたメリーの心はいかばかりであろう。ロックフェラー資料館にさえ、弟の死亡を通知した記録がない。メリーは二人の弟たちとひっそりと葬儀を済ませたのだ。

マハフィー博士はすぐニューヨークに打電した。研究所ではとうとうやられたかと直感した。ミス・ティルディンはまたしても、私がついて行ってあげればよかったのだと自分を責めた。

野口は死の際に、同僚のヤング博士に、

「あなたは元気ですか」

と聞いた。

「元気ですよ」

とヤング博士。

野口は、それはよかったとうなずいた。

しかしヤング博士もその時すでに黄熱病にかかっていた。

「どうも私にはわからない」

それが最期の言葉だった。痙攣は続いた。野口は手を出して看護婦の手を求めて握った。母シカの手と思ったか、メージーの手と思ったか。

翌土曜日、五月二十一日正午、野口英世はこの世を去った。五十一歳。

ヤング博士は最期まで野口と一緒にいた。彼は野口を送り出してから研究所のドアに鍵をかけた。そして再び、このドアの鍵を開けることはなかった。

一週間後、ウィリアム・ヤング博士も世を去った。黄熱病であった。

Ⅷ　孤独にさまようメリー

一九二八年六月十五日、ニューヨーク・ブロンクス区にあるウッドローン墓地に野口英世博士は埋葬された。ロックフェラー財団が、すべての手続きを実行した。メリーとしては何もすることがない。

フレキスナー教授とミス・ティルディンが取り仕切っていた。メリーがフレキスナー教授と会うのはこの日が三回目である。初めて会ったのは野口の結婚祝いのパーティーであり、二回目はミス・ティルディンのはからいでフレキスナー教授夫妻が招いたティーパーティーである。そして今回の葬儀の日を加えたわずかな回数である。

メリーは黒いベールで顔を覆っていたから、フレキスナー教授がメリーの素顔を見たのは二回くらいのものである。

フレキスナー教授は六月十五日に葬儀を済ませると、二十三日には家族とともに休暇をとってニューヨークを離れた。

ミス・ティルディンは残された野口の書類の整理に忙殺されるだろうと、フレキスナー教授に手紙を書いている。彼女は野口の死後、三年間研究所に留まった。野口の残した論文の整理や野口夫人との連絡があった。

彼女自身は、かつて野口の勧めてくれたコロンビア大学への論文提出もあった。それにはフレキスナー教授の援助も続いていた。

ミス・ティルディンからの手紙にはこうある。

フレキスナー先生

一九二八年五月二十二日　エブリン・ティルディン

ドクター・ノグチに関することで私は、彼女（※メリー）の単なる感情的な不公平な行いに対して、恨みをもっているわけではありません。

もし私が何らかにつけて彼女に助言できるなら喜んで致しますが、私が先にするより彼女からの援助を頼まれるまで待ったほうがよいと思います。

やはりメリーとミス・ティルディンとの間には感情的なものがあったのだ。それはメリーの憶測からくる嫉妬か、実際にあった愛情問題であったのか、余人の知るところではない。

メリーからの手紙である。

一九二九年五月二六日
親愛なるミス・ティルディン
お手紙ありがとう。あなたが私の夫の命日を覚えていてくださった事の思いやりを嬉しく思います。
彼の死は私にとって大変な出来事でした。
信じがたい事ですが、それは現実でした。
私は幾度もお墓参りに行っては、研究所の建ててくださった石碑に感謝しております。
あなたのお志に感謝しております。
メリー・ノグチ
（筆者訳）

お互いのわだかまりは、一年の歳月によって氷解したようだ。

出棺の様子

ミス・ティルディンは、残務整理の間に、野口が出港する直前に依頼した二百ドルの金を猪苗代の姉イヌに送金していたが、この件については、メリーは何も知ることはなかった。

一九二八年十一月、メリーは葬儀の後すぐに、今までのセントラルパークから移転した。生活の縮小をはかってのことだが、どうしたわけか、これから転々と住居を変えていく。ニューヨークに来てからノグチと共に移転した箇所も入れると十指にあまる。

メリーの心の中に何が起こっていたのか、推論の域を出る事ができなかった筆者は、情緒不安定になってしまった未亡人の姿しか見ることができず、ただ同情を禁じえなかった。

ちょうど、野口の一周忌の時である。

親愛なるフレキスナー様

トランクの上に絵画がありますが、これらを日本に送っていただけませんでしょうか。費用は払ってあります。あなたさまのご親切に感謝しながら、あなたさまやフレキスナー夫人が良きクリスマスを迎えられますようにお祈りします。

一九二八年十一月十四日

メリー・ノグチ

サミュエル・三郎・小出博士は野口博士の孫弟子にあたる。つまり、ミス・ティルディンの教え子だ。

小出博士の話ではミス・ティルディンは「ドクター・ノグチが描いた絵は、皆、自分が保管していた」と言っていたということだ。

野口の死後、メリーはロックフェラー研究所への連絡を怠らなかった。

「いろいろありがとうございました。野口の本のコピーと賞状のコピーを受け取りました。私は落ち着いております。私は夫が偉大な人であったと思います」としたためている。

ある一部の人たちは、メリーは教育がないといって軽蔑しているが、かなり筆まめであった。たとえ一枚のカードに五、六行でも、礼状や領収した旨の連絡をしている。しかし、奇妙な事は前述のように頻繁に住所を変えていることだ。ちょうどこのころが最も多く引越しており、手紙が届くたびに住所が変わった。

一九三一年十二月二六日

親愛なるスミス様
あなたにお知らせいたします。

私は3440Broadway 16に移転いたしました。

申し訳ございませんが、研究室を通して鍵を日本に送ろうと思いますが、小林先生が何時受けとれるか、わたくしにお知らせくださいませ。

メリー・ノグチ拝

一九三四年十二月二十日
3810Broadway 1−B
親愛なるスミス様
上記の住所に移転しましたことを一筆差し上げます。あなたやご家族様がご健在でありますように願っております。
以前お世話になりましたお礼方々。
メリー・ノグチ拝

メリーは『野口伝』を最初に書いたエクスタイン博士の面会を断った。フレキスナー教授が緘口令を研究所員に敷いていたからである。このことからも彼女は出すぎた女性ではなかったと筆者は確信する。

野口英世は小林栄に「メリーは内気のほうにてあまりうるさいことを好まず、小子の出張中は留守をすると申し、たぶん親のいる里に帰省するかもしれない。これらのことは本人の希望にまかす」と書き送っている。メリーを「内気」と評しているのは、おとなしいという意味ではなく、社交家ではないという意味あいである。

「快活にして忠実に温厚貞淑、日本の婦人のごとし」とも書き添えてある。メリーの写真から想像すると、大きな目、口もとの品のよさは、ロックフェラー研究所員の言う「性悪な女」とは受け取りにくい。往年のアイルランド出身の女優モーリン・オハラに似ているようだ。

野口英世はいささか褒めすぎてはいるが、他人の憶測を慮って、ことさらにメリーをかばっている姿はむしろほほえましいものである。野口はメリーに対して、亭主関白ではなかった。出張の時には自分で身支度をして出発したという。それは、長い独身生活で身につけたものだろう。

甥の野口栄が結婚する時に「酒を慎み、かつ嫁には優しく」を教訓とした。

野口はメリーには優しかった。貧しさでは人後に落ちなかったメリーの生い立ちが、野口との共通点であり、互いに温め合って生きてきた一つの要素でもある。

一九三〇年といえば、すでに転々と住所を変え始めた頃である。

六月、いくらかの不審の気持ちを友人である堀市郎に打ち明けている。

「イヌに千ドルを送金しました。小林栄に九百ドルに続いて三百ドル、五百ドル、百ドルと送金しましたが、そのお金は小林栄が野口英世の石碑を建てるために遣われたと思うのですが、私はイヌのために二百五十ドルを自分の銀行から引き出して送金します。私は弟と一緒にいますが、弟は去年の九月から病気です。

どんなにか私は野口を愛し、いまだにいとしい夫を思い(MY DEAR HUSBAND)、悲しみと寂しさの毎日なのです。年をとった義姉イヌの気持ちは私と同じでしょう。

幾度か小林栄に送金していますが、小林栄の気を悪くしたくないので、これは内々の話ですが、この援助が野口英世の記念碑のために使われていると思っているのですが……」

小林栄が、いかにメリーに送金の依頼をしていたかがわかる。

野口英世博士未亡人として、いつまでも世間の話題にのることも好きではなかった。転々と変わる住所も、ある意味では、その煩わしさから逃げ出したかったからに違いない。

メリーはだんだんとハーレムの奥深く入っていくが、今から五十年前は、どのような地区であったのか。現在では窓にはカーテンもなく、ガラスに紙が貼ってあったり、カーテンはいびつに垂れ下がっていて、雑然を通り越して殺伐ささえ感じる所だ。

一九三四年十一月三十日、ロックフェラー事務所にメリーあての小包が送られてきた。星一からのものだ。星一は、このころのメリーの住所を知らなかった。

野口英世が逝って六年が過ぎていた。メリーの身辺から日本の影が日々に薄らいでいき、歳月は滔々と流れていく。

野口英世の墓（ウッドローン墓地）

一九四七年十二月三十一日
メリー・ダージス・ノグチは一人で自宅で他界した。

メリー・D・ノグチ
五五八・W・ストリート
ヒィドゥ（HEYDO）の未亡人
死亡年齢　六十五歳
出生地　ペンシルバニア州
父　アンドルー・ダージス
出生地　米国

母　ファーニー（フランセス）
出生地　アイルランド　市民権　米国
死亡時間　一九四七年十二月三十一日午後十一時
人種　ホワイト
死因　動脈血栓
通報者及び葬儀執行者　ジョン・ダージス
住所　五十二・W・一二四・ストリート
葬儀日　一九四八年一月三日
墓地　ウッドローン
葬儀地　ウォルター・コーディ社

以上がニューヨーク市保健局の死亡証明である。

メリーはロックフェラー財団の建てた立派な石碑の下に野口英世とともに眠っている。メリーの名前は石碑のどこにも見ることはできないが、確かに野口メリーは眠っているはずである。メリーが植えたアイビーの葉は、シャンデーケン山荘の垣根の面影をとどめていた。

無償の愛は野口にとっては千金の宝であったと解釈する。

メリーの冥福を祈る。

Ⅸ　新しい事実

野口英世は研究室からよく日本クラブに出かけた。

一九〇五年、高峰譲吉の提唱で日本人間の親睦と情報交換の場として設立された日本クラブだ。

筆者は二〇〇五年に日本クラブ百年記念会の記念講演者として招かれた。その時、野口英世の愛用した将棋盤を展示するということを聞いた。今までの野口英世伝ではその将棋盤は猪苗代の人たちから寄贈されたもの、または親友の星一からのものだろう、と考えられてきた。しかし、事実はその後偶然に明らかになる。日本クラブ百年記念のあと、四月二十三日、コロラド州デンバー市において日本人会主催、総領事館後援を得て、松平忠厚の追悼会（九十一年忌）の記念講演を依頼された。そこで、出席者の一人で中国人のツー・アンソニー博士は証言した。

「その将棋盤は私の父がお礼としてドクター野口に寄贈したものだ」

ツー博士の父、杜聡明《ツー・ソウメイ》と野口英世博士のエピソードは次のようなものだ。

杜聡明教授が一九二五年二月六ロックフェラー研究所にいる野口英世を訪れた。

かつて野口の日本帰国記念講演でも杜教授はその講演会に出席していた。ニューヨークに行くために斉藤総領事に紹介状を貰いロックフェラー研究所に赴いた。野口は自ら出迎え、杜教授を研究室に招き入れた。そこでは染色した細菌の鞭毛の顕微鏡写真を撮影していた野口は杜教授にも撮ってみるように勧めた。そして、

「助手に仕事を手伝わせる場合、内容を充分に説明すると、より良い協力が得られる」

と助言した。

数日後、杜教授は斉藤総領事の官邸で晩餐会に招待され、野口も同席した。帰宅の時、野口は車で杜教授を下宿まで送ってこう言った。

「ニューヨークの医学図書館は、見ておいたほうが良い。また滞在中に、できるだけ多くのアメリカ人と接することだ。そうすれば、外国人の風俗や人情がよくわかる」

杜聡明は礼を述べ、記念に一面の将棋盤と駒を贈った。

――ツー・アンソニー博士著書の『中国名医列伝』より

野口英世自画像（ロックフェラー資料館提供）

杜聡明教授は台北帝国大学出身で日本語は堪能であった。子息の杜アンソニー教授も日本との関わりが深い経歴に不思議なつながりを知った。

米国ＦＢＩ化学部門の顧問として著名であるばかりでなく、一九九四年松本サリン事件、一九九五年東京地下鉄サリン事件には日本政府及び関係者から何回となく招聘された。

筆者は、親子二代にわたる台湾出身の化学者と日本と米国で三者の関わりをここに発見して感無量であった。

偉人と称せられる人には後世において新事実と挿話はつきものである。いずれの日にかまた新たな事実が発見されるだろう。

高峰譲吉とキャロライン・ヒッチ

高峰譲吉
Jokichi Takanine
1854年-1922年。化学者。工学博士・薬学博士。越中国高岡（現富山県高岡市）生まれ、石川県金沢市出身。東京帝国大学卒。理化学研究所の設立者の一人。三共（現第一三共）初代会長。アドレナリンの抽出に成功(ホルモンを世界で初めて抽出した例)するなどで世界的に知られる。

キャロライン・ヒッチ
Calolin Hichi
1866年-1954年。父エーベン、母マリーの長女として生まれる。1887年に高峰譲吉とともに日本に移住。1888年、高峰譲吉と結婚。

I ニューオーリンズの万博

上空から眺めるニューオーリンズは、ミシシッピー川の河口に広がる濃い緑の平野の中にあった。二〇〇五年八月二八日、この緑の平野は一夜にして水没した。土地として使用できないスワンプ（湿地地帯）であった。

うねうねと蛇行してメキシコ湾に向かっているミシシッピーは雨で茶色くにごっていた。本流から葉脈のように分かれていく水路は合流してはまた、本流の方向に流れて次第に川幅を広げていた。川上からも川下からも大小の船が往来をきわめ、鉄道やハイウェイの発達した今日でも、川を使う交通機関が重要な輸送路である事を物語っていた。

ニューオーリンズの最初の白人移住者は、一七〇〇年初頭、カナダに移住して来たフランス人であった。ミシシッピー川をくだって河口にたどりつき、そこをフランス村として定住した。その子孫たちをクリオールといって代々、フランスの流儀を伝えている。

ヨーロッパからアメリカへとイギリスの勢力が拡大され、フランスはイギリスの下敷きになりそうな気配を察知してルイジアナ州をスペインに売り渡した。それは一七六二年のことである。一八〇〇年には皇帝ナポレオンが再びルイジアナ州をフランス領としたが、ヨーロッパでのフランス軍の軍費不足を補うために千五百万ドルでアメリカに売り渡された。ヨーロッパからアメリカ大陸に渡ってきた白人がインディアンを駆逐して、勝手にわが領土として境界線を地図の上に引き、それを売ったり買ったり、奪ったり奪われたり、まさに国盗り物語である。やがてアメリカ領になったニューオーリンズにおいてイギリスと戦争になったが、アメリカの勝利に終わった。この時の将軍がのちに第七代アメリカ大統領になったアンドリュー・ジャクソンである。

そして一八八四年（明治十七年）末から翌年にかけて、このニューオーリンズの地で万国工業及び綿百年期博覧会が開かれた。

高峰譲吉は日本政府から派遣された事務官の一人として、この地に立った。同行に文部省の服部一三、学者の玉利喜造がいた。のちに服部一三は大きな役割を演じることになるが、人と人との出会いは、運命を変えるばかりではなく、歴史にも影響をおよぼす力を秘めている事を痛感する。

万博ではいつも世界で最初の催し物や、世界一というものが誕生するのが常である。ニューオーリンズでも世界最大のグリーンハウスが誕生した。ミシシッピー河岸の船着き場が博覧会場正面玄関となる。そこを真っ直ぐに行くと、世界一を誇るホートカルチャラルホール（園芸館）に行き着く。十字形に建てられた館の総面積は一万五百平方メートルもあり、農園芸の粋を集めたものであった。

この会場では二人の人物との重要な出会いがあった。

一人はラフカディオ・ハーン（小泉八雲）である。フレンチ・クオーターの中で最も賑やかな通り（現在）であるバーボン・ストリート五一六番地にラフカディオ・ハーンは住んでいた。安い部屋代と同じように、粗末な服を着たハーンは、独特な憂いと異国のにおいがする文体で、せっせとエッセーを書き続けていた。

一八八四年のニューオーリンズ万国博覧会の取材記事は、ニューヨークのハーバー・デイリーに掲載された。ハーンは会場にある日本展示場において日本館を、ことのほか興味をもって日参した。

もう一人の人物は文部省事務官の服部一三である。後年日本に渡航したハーンはハーパー出版社閉鎖によって失職した時、服部一三が松江中学に就職を斡旋する事になる。

高峰譲吉、服部一三、ラフカディオ・ハーンはその会場ですれ違っていたかもしれない。同じところで立ち並んでいたかもしれない。しかし、三人は互いにその出会いの瞬間を見逃していた。

高峰はのちに日本政府に「本邦の名士を北米に派遣し、国交の周密ならんこと」を進言し、かつ、「日本政府は日本に利益ある外国人を優遇する道を設けられたきこと」を条文にて進言

した。そこには特に、

「往年、日本の美点を紹介すべく英文著書を公にせられたラフカディオ・ハーン（小泉八雲）氏が偏狭なる文学者等に容れられないで、不遇に終わられた其人に対して国家から何の恩典もなかったことの如きは、決して褒められないことである」

とある。

一八八四年にはすれ違っていた二人だが、時を経て所を変えて、再び結びついたことは人生の不思議である。

万博の展示会館を丹念に見て回った高峰譲吉は、一つの鉱石の前で足を止めた。かつてイギリスのマンチェスターで見た燐酸肥料のもとになる糞化石や海鳥石、結塊燐酸に似たものである。サウス・キャロライナ州から出品されたものは燐鉱石だった。

植物の育成には窒素・燐酸・加里が三大要素である事は農化学者たちには知られていたが、日本の一般農家では、肥料とは人糞や堆肥であると思われていた。もっと生産高をあげ、地味を肥えさせることを考えていた高峰は、早速、現地サウス・キャロライナ州にあるチャールストン市まで赴き、燐鉱石を手に入れ、大事に日本に持ち帰った。

チャールストンの町は南北戦争によって市制が敷かれ、農・水産と共に西インド諸島やイギリスとの貿易港として活気のある町で高峰譲吉の好奇心を大いにかきたてた。チャールストンのダンスは全米はおろか、世界中の若者たちにも愛好された。このダンスを生み出したのは、ニューオーリンズの街で生まれたジャズと同じく黒人たちであった。

筆者も取材でニューオーリンズを訪れた時、路地の入口でひっそりと奏でられる黒人のサキソフォンに思わず足を止め、我を忘れて聴きいってしまった。高峰譲吉も同じ街角でこの音を聴いたであろうかと哀愁に浸った。

このニューオリンズで、高峰は燐鉱石のほかにもう一つの大きな出会いがあった。美しき南部娘、のちに高峰の妻となるキャロライン・ヒッチである。

＊

高峰譲吉の父、高峰精一は、加賀藩に迎えられて前田侯の典医となっていた。精一は蘭医学者坪井信道に師事し、その著書である『整煉発蒙』『医則』に傾倒した。これによって化学への道を開き、火薬の研究者としての精一の名は加賀藩で重きをなしていた。高峰譲吉の祖父である高峰玄台も蘭方医学者であり、後年、化学者・発明者となる高峰譲吉を育むには十分な土壌があった。

高峰精一は金沢において兵器製造者である壮猶館で硝石を原料として火薬を製造する事を命

じられた。硝酸カリウムは火薬を作る原料ばかりではなく、ガラスや鉄器のうわぐすりの材料として琺瑯や七宝焼きに使用する。近代になって肥料の一要素となるが、この時点では、まだそこまでは考えられなかった。しかし、後に高峰が、人口肥料をわが国で初めて製造した事績が父精一と関わりのあった硝石であったのは面白い。

少年譲吉は明倫堂（加賀藩校）で学んでいたが、一八六五年（元治二年）、十二歳の時に転機が訪れる。少年たちに長崎で西洋事情を勉学させるための奨学制度を藩が設けたのである。今でいえば外国留学に等しいものであり、青少年たちが胸躍らせるものであった。高峰はその留学生に選ばれたのである。

高峰が誕生してからの十二年間の日本の世情は、幕府派と天皇派に分かれて舞台裏では熾烈な暗躍がくりひろげられていた。年号は嘉永から安政・万延・文久・元治・慶応とめまぐるしく変わっていった。幕府は尊皇派を逮捕と処刑に追い込み、尊皇派は幕府の要人を暗殺する機会をねらって白刃が抜かれていた。それは国内ばかりでなく、外国人にも向けられて大きな問題となって国際的に幕府を窮地に陥れた。

加賀藩では、幕府側であるのか、朝廷側であるのか、各藩の動向をさぐりながら藩内で静かに力を蓄積していた。

いずれにしても一朝、事が起これば、もはや刀だけでは時代遅れであると認識していた藩では、高峰精一らのもつ化学知識を奨励し、実戦に役立つような爆薬の製造に力を入れた。長崎は鎖国の時代に唯一外国と接触できる場である。金沢藩は長崎からとり入れた蘭学の知識や技術をこつこつと積みあげていた。

蘭学といえば、オランダ流の医学と同義語とされたが、同時にオランダ文化である、長崎はその背後にあるヨーロッパ文化をも吸収できる都市であり、日本の知識人や、向学心旺盛な若者も多く集まっていた。

七尾港から啓明丸に乗った十五名の青少年は、四〇日の船旅を経て長崎に着いた。学生は、それぞれ外国人の家庭に寄宿することになった。早急に語学の勉強になるとの方針で高峰もポルトガル領事のロレーロ家に入った。今でいうホームステイが、この時代にもあったのだ。

翌一八六六年（慶応二年）、宣教師フルベッキの英語学校に入学した高峰は、ここで英語を本格的に学ぶ。

高峰は、かつて金沢の壮猶館の分校であった英語専門校の教師であったオズボーン、この後出会う大阪舎密学校のリッテル教授などから、日本人にない世界観を学びとった。のちに高峰がアメリカへ行くようになる重要な影響を、少年の胸に植えつけたといえる人たちである。とくにリッテル教授から受けた応用化学の実験は高峰の人生を大きく転回させていた。

父・精一が金沢の自宅で一心に粉を溶かし、ガラス管を火にかざして何か薬らしい結晶を作り出していた姿は、高峰の生活になじんでいた。高峰家の家業である医学を継ぐことを断念し、化学の世界に入ることに専心していく高峰に父精一は反対しなかった。

高峰は長崎で三年学び、京都、大阪と遍歴したのち、東京へと向かった。明治新政府の制度によって生まれた各省の活動がようやく第一歩を踏み出したところだった。新政府の各省は七省に分けられ、大蔵省、兵部省、刑部省、民部省、外務省、宮内省、工部省となった。工部省は土木、鉱山、製鉄などの工業に関する役所で、その傘下に設立された工学寮に高峰は入学した。工学寮は一八七七年工部大学校となり、九年後に東京帝国大学工学部と改称される。

工部寮の学生は全額政府支給の奨学金を得て衣食住の心配をする必要がなく、エリートのコースとされていた。工部寮から工部大学校の学生になった高峰は応用化学を専攻した。予備学科二年間、専門学科四年間の課程を終えた高峰は一八八〇年、イギリスはグラスゴー市にあるグラスゴー大学の姉妹校（アンダーソニアン・カレッジ）に留学することになった。

グラスゴー市はスコットランド第一の工業都市である。海運国イギリスの船舶の造船はグラスゴーで建造されたといっても過言ではない。したがって製鉄業界は空を曇らすほどに煙をあげて操業していた。化学製品の苛性ソーダ、硫酸、みょうばんなどは大量生産ができる工業力を持っていた。高峰は、祖国日本の立ち遅れた工業力に格段の差を痛感する。

海外留学の第一歩をアンダーソニアン・カレッジで踏み出した高峰は、目の覚めるような新

高峰譲吉

鮮な驚きを味わう。グラスゴー大学の姉妹校といわれるアンダーソニアン・カレッジは一九世紀の先端を行く機械科のメッカとして、近代工業に影響を与えていた。創始者はジョン・アンダーソンで一九一三年には王室科学・技術院となっていく。高峰は三年後に帰朝し、農商務省に迎えられて工芸化学・電気応用学を農商務省の役人たちを教育していくことになる。この間、イギリスの化学会誌に「綿・絹・羊毛等の塩類溶液吸収力に関する研究」という論文を発表した。

高峰の目はグラスゴーばかりではなく、英国各地へも向けられた。好奇心と研究心による見学であり、実習の機会をつかむことでもあった。

リバプールはロンドンから北西に二百マイル向かったアイリッシュ海に面した港町である。一八五八年から築港をはじめ、イギリス第二の港として発達した。ここにあるスタンリー会社の所有しているタバコ倉庫は世界一の規模を誇っていた。リバプール港に輸入されるものは砂糖キビや原油であり、精製されて再び世界に輸出される。

こうしたイギリスの目をみはる産業の発達の陰には、奴隷商人の存在もあった。一七三〇年、アフリカから二百人の黒人を連れて来たのが奴隷制のはじまりで、一七五一年頃には五十三隻の船に積んだアフリカ人をウエスト・インディアに送り込んだ。その帰途、ラム酒、タバコの葉を満載してリバプールに入港した。

一八〇〇年中期から後期の最盛期には、一年間に四万九千二百十三人という大量のアフリカ人をアメリカに「輸出」していた。百年後、アメリカは奴隷解放に向かったが、その影響は現在のアメリカにますます深刻な問題を提起している。

アフリカ人を輸出するリバプール港では、もう一つの民族がアメリカを目指していた。一八四〇年代、ジャガイモ飢饉に見舞われたアイルランド人である。リバプールはアメリカへ移住するヨーロッパ最大の出航地となった。白人は自らの意思で移民となるのであって、祖国を捨てたとはいっても、そこには希望もあり、渡航費も自己負担であったから、いくらか奴隷たちよりはましだったが、それでも史実として残る記録では、五百五十人の乗客のうち百人もの餓死者及び病死者を出した船もあった。ポーランド、ギリシャ、イタリア、ユダヤ、オランダの各地から着のみ着のままの白人種の移民たちは悪徳移民会社の好餌となった。こうしたリバプールの状況を高峰はどのように見たであろうか。

高峰はニューキャッスルにも訪れている。ニューキャッスルもまた、工業地であるが、ここでとくに関心をもってみたものは肥料の生産である。高峰の脳裏に、この肥料が焼き付いた。祖国日本の農業の立ち遅れを痛感する。

三年の留学を終え、一八八三年二月七日、日本へ帰国した高峰譲吉は、農商務省に就職し、かねてから考えていた日本酒製造に関する発酵・醸造の改良を始めた。

腐りやすい日本酒を改良する事に着目した高峰は、自分自身の栄光がこの「発酵素」の研究からだとは考えもしなかったであろう。日本酒醸造の研究は、後に彼の人生の最大転機となる。それは運命という底知れない巨大な力が動き出す前兆となった。

そして、翌一八八四年、ニューオーリンズ万国工業・農業博覧会に日本政府から事務官として派遣され、キャロライン・ヒッチとの出会いを果たすのである。

Ⅱ キャロライン・ヒッチ嬢

キャロライン・ヒッチは美しい十八歳の令嬢であった。

社交家で、しっかり者のマリー・ベアトリス・ヒッチ夫人は、東洋の紳士と見てとった高峰譲吉を夕食に招待した。夫のエーベン（エベネイザーの略）・ヒッチは勇壮な北軍の騎兵大尉であったが、家庭にあっては、マリーが主導権を握り、育児や社交もすべてマリー流儀に従っていた。

奴隷解放戦争といわれた南北戦争であったが、そちこちのプランテーション（大農場）にはまだ奴隷制度から抜けきれない黒人たちが主人の庇護を受けていた。戦争の被害も完全に復旧していたわけではない。

広大なコットン・フィールドは全く戦争前と変わらずに花が咲き、刈り入れた綿花は馬車にあふれて運び込まれ、ミシシッピーの岸壁に連なっていた。ニューオリンズ万博の開催中、地元の篤志家が家庭を開放して各国の役人たちの宿舎とした。今で言うホームステイのようなものである。ヒッチ家もその篤志家のグループの一つであったり、高峰はそのヒッチ家に滞在する事になったのだ。キャロラインは、高峰がやって来た時、人見知りした女の子のように自分の部屋に閉じこもっていた。十八歳ともなれば、人前で挨拶ができるように躾けられているのだが、どうしたわけか、キャロラインは母マリーがいらいらするほど長く自室に籠もったままだった。

やっと客間に出て来たキャロラインに、高峰譲吉は丁寧に挨拶したという。その態度は、ようやく自室から出て来た恥ずかしがりの少女をとがめる風もなく、寛大であった。キャロラインは大人の男性のもつ鷹揚さに好意をもった。

彫り深くくぼんだ眼、羽毛のようなやわらかい眉の下から、好奇心にとんだきらきらとした眼、小さめの丸顔の中に薄い花びらのような唇に高い鼻梁は、十八歳の乙女とは言いがたい気品を備えていた。異国の紳士に会うことをためらって、二階に隠れてしまったキャロラインは、この日を境にレディー・キャロラインへと脱皮する。キャロラインの物腰は、万人が認めるように、終生変わることなく、上品に、堂々と、美しく保たれた。

この後、わずか数ヶ月の交際で二人は婚約する事となる。

女の直感というものであろうか、自分の生涯を決定する結婚相手を、このわずかな期間で見極めたことは一驚に値する。そして、その決断は正しかったということになる。

この東洋の一官吏が後に発明と化学の研究によって名声を得るとは、まだ想像もつかなかったであろうこの時期に、二人の婚約に最も積極的だったのは母親のマリーだった。彼女の眼識は、この後、十年足らずの間に証明される。

マリーはそればかりではなく、娘キャロラインを日本に嫁がせ、再びアメリカに呼び寄せて、高峰を実業界に押し出すきっかけを作った。その度胸と決断と行動力は高峰とうまくかみ合った。キャロラインもまた、この母の性格を受け継いでいる。逆境にあっても向かい風に立ちはだかって家族を守るマリーの雄々しさは、時として家長的でさえあった。南部地方の広大なプランテーションで、黒人奴隷をも含めての大家族主義からくる大らかさもある。

父親であるエーベン・ヒッチはマサチューセッツ州のフェアヘブンで生まれた。南北戦争が始まると、エーベン・ヒッチは騎兵大尉として北軍に加わり、ニューオーリンズまで攻める。二十三歳の将校エーベンは戦いが終わってニューオーリンズに定住するが、戦いの最中に、南

キャロライン・ヒッチ

部娘のマリーを見初めて結婚に至るわけであるが、マリーの落ち着きはらった対応は、北軍の兵士を大いに感服せしめた。

物語は美しく、楽しく語られるほうが良い。今は想像の域を出ないが、マリーとエーベンの出会いも高峰譲吉とキャロラインの出会いも、ニューオーリンズという海と川と大平原の背景の中に生き生きとした青春を感じることができる。

一八六五年七月三十日にエーベンとマリーは結婚。翌年八月五日には、長女キャロラインが生まれる。エーベンは騎兵隊を除隊すると、フレンチ・クオーターの東の一角にある造幣局に勤めることになる。

ヒッチ家では高峰が再びアメリカに来ることを約して、ひとまず婚約を取り交わす事になった。キャロライン、十八歳。高峰譲吉、三十歳の青春である。

キャロラインと婚約した高峰は一八八五年の春まで開催された万国博覧会を後に日本へ帰国した。帰国と同時に日本政府の特許局長官代理を経て、一八八六年、特許局次長へと栄進する。また、農商務省総務局分析課長を兼任する。

高峰の博学は、明治の中期を彩る新知識者として実業界は見逃すことがなかった。渋沢栄一らの信用を深くしていった。一八八七年には再び外遊する。イギリス、ドイツ、フランスと回り、アメリカに着く。この年は日本で東京電灯会社が初めて家庭に点灯することができた年で

キャロラインの父エーベンと母マリー

もある。アメリカはこれより三年前にオハイオ州クリーブランド市に初めて電車が走っていた。トーマス・A・エジソンが初めて電球を作ることに成功（一八七九年）してからアメリカは急速に工業の近代化が進んでいた。三年前に高峰が渡米した時よりも一層華やかに文明の花が咲き出した印象を受ける。

ニューヨークには高層建築物が立ち始め、ハドソン川の河口にはフランス政府から寄贈された「自由の女神」が、灯台の灯を高々と揚げ、押し寄せるヨーロッパからの移民たちに希望を与えていた。高峰は約束を果たすためにニューオーリンズに向かった。

ヒッチ家は高峰の紳士的な態度に娘キャロラインを嫁がせる事に賛成した。ニューオーリンズの町に入ると、白人でもなく、黒人でもない中間色の肌の色をした彫りの深い男女を多く見かける。メキシコ人でもなく、プエルトリコ人でもない肌の浅黒いすべすべした顔に、くぼんだ目は明るい褐色であり、黒人運動選手のような引き締まった体の人が多い。

彼らはクアドルーン、またはムラートといわれる混血の人たちである。父親が白人、母親が黒人で、その間に生まれた娘は白人の男と結婚し、その間に出来た子供たち、またはその子孫のことを言う。

白人の夫は白人の妻を正式に迎え、黒人の娘は愛人という形で一生を扶養するというものも多く、文明とモラルの高揚にともなって次第にその風習は消えていったが、一八〇〇年の中頃には、そういう習慣が公然とあった。

注目すべき結婚式　八月十一日記

ミスター・ジョウキチ・タカミネとミス・キャリー（キャロライン）嬢の結婚するまでの過程には、いろいろな出来事があり、出会いと交際の深まりと共に愛をはぐくんだ非常にロマンチックな求婚は興味深いものがある。二人は昨夜、エスプレネイド通りの花嫁の両親の家であるE・V・ヒッチ夫妻の家においてブライタニア通りにある長老教会の牧師であるファーガソン博士の教会の司式にしたがって、永遠の夫婦のきずなを誓った。新郎の名前は外国人と思われる。それは東洋人の富の蜃気楼のようなものであり、威厳を感じさせる意味の名前である。

多数のニューオーリンズの住民たちは、彼の名前をよく知っていた。

日本帝国の代表者として名誉を充分に満たし、紳士としての本領をよく発揮した。その期間に神秘の魅力がある青い目の人に再会を誓い、幸せと希望を胸に膨らませて日本へ帰っていった。後日、その誓いを実行した。昨夜の結婚式は、すべての点において、最近のニューオーリンズでの最も華麗な催しであった。

式は多数の友人たちが集まり、広いベランダには日本のちょうちんに灯をともし、祝い事に使うシュロの葉を飾った。

――ニューオーリンズ・デイリー紙

アメリカの若い人たちが新婚旅行に行くとすれば、どこが一番人気があるかといえば、「ナイヤガラ」と答える。特に東部と南部地方では、ナイヤガラに行ける人たちは裕福な家庭の子女しかいなかった。高峰はヒッチ家に対しても心を配って、当時羨望の的であったナイヤガラを選んだ。十日間の新婚旅行の間も、ワシントン、ニューヨークと視察をおこたらなかった。三十四歳の分別ある青年と二十一歳の若い花嫁が、どのような生涯を送るのか、太平洋の波間に揺れる船は、西へ向かって行く。

エーベン・ヒッチは一八四一年生まれ。彼の生家のあるフェアヘブンは港町であり、その中でもヒッチ家は遠洋捕鯨船の修理と製帆業で土地の名士であった。

この年、一八四一年ははるか東の国から一人の少年がフェアヘブンに来た年でもある。年は十四歳。中浜万次郎という少年である。土佐の高知の魚師で太平洋に漂流していた時にアメリカの漁船に救助されてアメリカにやってきた。その街がフェアヘブンである。少年はジョンと名づけられ、後世にジョン万次郎として知られるようになる。彼は後に日米間の通訳として国交に大いに貢献する。

エーベンの娘、つまりキャロラインが後に日本人と結婚したことに、アメリカと日本の不思議な因縁を感じることができる。

Ⅲ 東京へ

キャロラインを伴って帰国した高峰は深川釜屋堀に居を構えた。一八八七年当時、釜屋堀と言われたところは、現在の江東区大島一丁目にあたる。ここに東京人造肥料株式会社が資本金二十五万円（十二万五千円払い込み）で発足した。投資者は渋沢栄一、益田孝、浅野総一郎、大倉喜八郎らであった。

高峰は、会社の成功は自分の技術にかかっているが、会社が利益を上げるようになるには少なくとも三年はかかるだろうと考え、理解を求めた。もちろん、実業界で活躍している投資家には、充分に理解できるものであり、新事業の困難さも承知のうえであった。

窒素肥料は早くから日本で使用されていた。その主たるものは第一に人糞や尿で、堆肥、魚粕、大豆粕などであった。高峰は窒素と燐酸を配合して、そのうえ、石灰を加えて完全な窒素・燐酸・加里の三要素を含む肥料を作り出した。

人造肥料の生産だけにとどまらず、かねてから高峰の心にかかっていた日本酒醸造の改良をも手がけていた。酵素の生産については高峰は応用化学者としての鋭い直感により、元麹の改良を実験していた。静岡の酒造家や灘の酒造家を訪ねては実地に研究を重ねていた。

今までの日本酒の麹は米から作り出していたが、高峰は麦を使って麹を作ってみようとした。この研究の過程で、麦の麹は発酵能力が外国のイーストよりも高い事がわかった。麦から作り出す元麹の特許を早くも高峰は申請した。このことは高峰の運命を大きく転換させるものとなる。

こうした日々の間にキャロラインは深川の釜屋堀のせまく古い家で二人の男子を得た。一八八八年に長男譲吉（ジョー・ジュニア）、二年後に次男孝（エーベン）を不慣れな外国で頼る人もないなかで出産し、育児に追われていた。

アリゾナ州ツーソン市に住む高峰の曾孫に聞いた話では、キャロラインは日本へ着いて、まず最初に習ったのは、膝を折って畳の上に座ること、そして手をついておじぎをすることであったと、日本を思い出しては話を聞かされたという。

キャロラインは一心に日本に同化しようと努力した。金沢の高峰の家に行った時は、まさに緊張の連続であった。膝を折り、何度も何度も頭を畳にすりつけておじぎをする。なじめなかった味噌汁も飲めるようになった。

細くくびれた美しい肢体に、ぐるぐると帯を巻きつけて日本の着物を着ることも覚えた。筆者は、その着物姿の写真から、必死になって日本を知ろうと痛ましい努力しているというより、楽しく素直に日本を受け入れようとしている印象を感じとった。写真の帯は現存しており、筆

長男譲吉二世（ジョー・ジュニア）　譲吉　次男孝（エーベン）

者は実際に手にとってその重みを感じた。花模様の袋帯である。高峰は元麹の特許をとった事を、アメリカにいるキャロラインの両親に手紙の一部に書き加えていた。

硫化鉄から硫酸を取り出して過燐酸石灰を作ると、国産品であるから安価に生産できる。高峰の物を作り出すという才能は確かにすばらしいものがあった。机上の空論というものではなく、原理を追究し、新しいものを生み出していく姿勢はますます冴えて行った。

釜屋堀の粗末な研究所からは次々と新しいものが生まれていった。防臭剤や防火塗料を作り出した最初の人は高峰である。三年の歳月は、高峰夫妻にとって短いものであった。一日々々が新しい出来事によって明け暮れていた。

一八九〇年の春、アメリカにいるキャロラインの父から長文の電報を受け取った。

それは高峰が先に特許を得た麩《ふすま》から作る発酵素を使ってウイスキーを製造したいというウイスキー・トラストからの招聘であった。

一説には、キャロラインの母、マリー・ヒッチがシカゴにあるウイスキー・トラストに売り込んだのだという。これは信じるに足る話である。と言うのはマリー・ヒッチの活躍は、これより先、父エーベンよりも華々しく高峰に協力していくからである。

高峰は願ってもない話に「やった！」と大喜びであったが、一方で、せっかく軌道にのりかかった肥料会社を、このままにして渡米してしまう事は投資家に対してはもとより、渋沢栄一、

リバーサイド本邸にて。キャロライン（左）と妹マリー（右）

益田孝らの厚情に対して信義にもとるのではないのかと一人悩んだ。

実際に渋沢栄一たちは驚きを隠す事ができなかった。高峰あっての人造肥料会社である。肝心の操業者がいなくなっては会社の存続は危ぶまれる。高峰は、ここまで基礎を築いたので、あとは発展のみである。問題があれば、ただちに帰国するとの考えを明らかにした。

渋沢栄一、益田孝は胆力の据わった人物であるし、時代を先取りしていく実業家でもある。高峰をアメリカへ送り出す事を快く了解した。この恩義に対して、高峰は後年、有形無形にして返していく。

キャロラインは意外に早く母国アメリカに帰れる事態になったことを心から喜んだ。ジョージ二世もエーベン孝も無事に育っていた。

Ⅳ　シカゴとピオリア

アメリカへの船中でまもなく高峰は発病した。肝臓部の痛みである。船中ではほどこすすべもなく、キャロラインと助手の藤木幸助が相談し、シアトルの港に着いたら、シカゴに直行せずにニューオーリンズの実家に行く事にした。

船はシアトルに入港した。

ただちにサンフランシスコへと南下して治療する事に変更した。急性肝炎であった。予期せぬ事態が突発した場合、本人の動転よりも周囲の動転ぶりに左右されて、一層悪化する事が往々にしてある。キャロラインの沈着さは、この時ばかりではなく、ゆくゆく大いに発揮されて高峰を救っていく。サンフランシスコで静養した高峰は幸いにして早く回復していった。

シカゴではフィニックス醸造会社で早速、高峰式日本麴を使って酒精を作って見せた。この試作品は見事に成功した。

ウイスキー・トラストのJ・グリーンハットは最初に高峰の元麴に関心をもち、高峰を日本から招聘した人である。実験の結果、J・グリーンハットは満足してただちに採用する決断を下す。既に高峰はシカゴで「タカミネ・ファーメント・カンパニー」(高峰発酵素会社)を登録商標し、特許権を獲得していた。グリーンハットは特許使用料を支払った。

高峰はJ・グリーンハットの義兄にあたるウイリアム・ブラック・ウールナーの所有する「ウールナー・ディスティリング(醸造)カンパニー」の社長であるが、ピオリアの醸造界において大ボス的な存在であった。

グリーンハットは終生、高峰の理解者であった。

一八九一年、高峰は再び発病する。症状は重く、肝臓病を治療する設備の無いピオリアからシカゴへ移動する事になった。

実際は肝臓病ではなく、胆石であった。

絶対安静の高峰を自動車で運ぶ事は生命に支障をきたしかねない。そのうえ、車の振動は患者に激痛を与える。看護する者にも耐えがたいものである。キャロラインは必死であった。汽車ならばよいが、約五キロメートル離れたピオリアの駅まではどうやって行けばいいのだろう。キャロラインははたと気がついた。家の裏の向こうに駅に通じる貨物用の引込み線が来ている。依頼してみると、駅長は町の名士となった高峰のために便宜を図ってくれた。感謝しながら裏庭を越えて汽車に乗り込んだ。

このストーリーを知った時、はたして本当のことなのだろうかと疑問に思った。

2111・ノース・ジェファソン・ストリートの高峰邸は二階建てで屋根裏付きの木造の大きな家で、前庭には大きな杉の木がある。ステップを登ると、ポーチがある。筆者はここに立ってみた。家の裏庭に実際に線路を見た。まったく、小説のようなストーリーはここで完全に事実であったと証明できた。

筆者は線路の枕木を渡りながらずっと向こうまで歩いてみた。ちょうど百年の昔にあった出来事の現場に立って、行きつ戻りつしながら想いをはるかにした。

キャロラインの機転と勇気はすばらしい。

このあと、麹の腐敗、火災と相次ぐ災難にも高峰は立ち上がった。財政的にはすべて失ってしまうが、キャロラインの内助の功と義母マリー・ヒッチの奔走があった。キャロラインは陶器の皿に絵付けをする仕事をみつけて家計の足しにした。一方、ニューオーリンズのヒッチ家は高峰一家がシカゴに到着した時から、ニューオーリンズを引き上げてシカゴに移住して、高峰ファーメント会社の経営に参加していた。マリー・ヒッチは、娘一家の重大事に座したままではいなかった。シカゴとニューオーリンズを幾度か往復して資金の調達に飛び回った。

ニューオーリンズのカナル通りとロイヤル通りの角にニューオーリンズ証券会社があり、マリー・ヒッチはそこで株の売買をしていた。その関係で、高峰の会社の株をニューオーリンズの友人たちに斡旋していた。

事態が悪化し、株主たちの不評を買っていたマリー・ヒッチはそれでも高峰の株は手放すなと言い続けていた。たしかにそれは賢明なものであった。後に大きな配当が得られることになったが、それを受け取った人たちは、ヒッチ家の親類だけであった。マリー・ヒッチに対する義理で株を売却しなかったからだった。

四面楚歌のこの時、次のような記事が出た。

日本人化学者への非難よりも、彼に公正なチャンスを与えて、彼に何ができるか見るべきである

——一八九三年十一月一日　インターー・オーシャン誌

ウイスキーを作る過程において、三十日間のテスト期間を義務づける

——一八九三年十二月八日　クインシー・日刊ジャーナル紙

前者は、ウイスキー・トラスト社内の紛争と悪い噂（放火説と高峰に対する迫害）に世論が「高峰にチャンスを与えよ」と声を挙げ、高峰式製造法を見直す方向に持っていった。

そうして、ウイスキー・トラストの信用は回復し、そこから使用料が入る事になった。九〇年後（一九九二年八月十二日）のピオリアの新聞は、「ピオリアン・タカミネは天才と発明によって、わがピオリアの町を強固にし、可能性への影響を世界に知らしめた人」と称賛と尊敬

を表した記事を載せている。

かつては高峰譲吉を「ジャップ」と言ってさげすみ、迫害した町は、今、彼をピオリア市出身者として「ピオリアン」と呼んだのだ。今このことを高峰譲吉博士に捧げたい。

*

ピオリアに貢献した高峰が「タカジアスターゼ」と呼ばれる胃腸薬の販売に入ったのは一八九四年、高峰譲吉四十歳の時である。すでに特許の数は十四にも及び、高峰の発明と改良の泉はこんこんと湧き出した。タカジアスターゼは高峰の希望により三共商店の独占販売とする契約をパーク・ディービス製薬会社と結んだ。日本以外の販売権はパーク・ディービスの物となり莫大な利益がもたらされた。

この年、もう一つの改良発明をすることになる。ある印刷会社からの依頼で、印刷機についているローラーになくてはならないグリセリンを何とか安価に入手できる方法はないかと相談を持ち込まれた。

真実であるのか創作であるのか判定はできないが、ある時、キャロラインが二番出しのコーヒーを高峰に出した。キャロラインは正直に二番出しのコーヒーである事を告げた。家計を切り詰めるためだった。

高峰はそこで思いついた。

再生(reclamation)である。ローラーに使うグリセリンを洗い流して、その水を煮沸し、水を蒸発させ、残った脂肪を濾過し、生成すると、きれいなグリセリンができる。この化学的な手法を「高峰式グリセリン再生法」として特許を申請した。キャロラインの窮余の策が夫高峰にヒントを与えたのも、内助の功といえるのではないだろうか。

ミシガン州デトロイト市にあるパーク・ディービス製薬会社から「タカジアスターゼ」の一手販売の契約を申し込んできた。パーク・ディービス社はタカジアスターゼを世界各国に売り出す構想を持っていた。全世界といえば、当然日本もその中に入っているわけだ。高峰はそれには賛成しかねた。日本だけは除外する事を条件に販売権を渡し、特許料をパーク・ディービス社から受け取る契約をする。

高峰は、まだまだ日本の化学工業の立ち遅れを目の当たりにして、日本がもっと富を蓄積しなければならないと痛感していた。

日本人の作った薬を安く日本人が使えるようにした愛国心は、その後もずっと高峰の信条の一つとなった。

その特許料は高峰を一躍アメリカの大富豪の仲間入りさせた。

商業化と投資家への働きかけにはマリー・ヒッチが関わっていた。彼女は証券取引所でパーク・ディービス社の関係者に高峰の酵素についての情報を流していた。ディービス社との接触を図ったマリー・ヒッチはニューオーリンズを引き上げて娘婿を手伝うという名目でシカゴに住み着いたのである。

温厚な高峰であったが、この時は「もう、経営に口出しはしないで欲しい」ときっぱりと言い渡した。

たしかに、マリー・ヒッチの働きはアメリカ社会に縁故の無い高峰にとってどれほど助けになったか計り知れない。そうかと言って、マリー・ヒッチのやり方を全面的に支持するわけにはいかない。高峰にはキャロラインという妻があり、外国の社交は妻の責任範囲である。会社に二人の社長、社交場に二人の女主人は必要ではない。このことについてはキャロラインは全面的に夫の意見に賛成であった。マリー・ヒッチは高峰にきつく言い渡されて逆上した。そして、その夜に彼女は息を引き取ってしまう四十九歳の若さであった。怒り心頭に発したというわけか、心臓発作であった。

しかし、高峰にとってはマリーから受けた恩恵はキャロラインのそれと等しく大なるものと心ひそかに感謝していたであろう。

V　アドレナリン抽出

パーク・ディービス製薬会社ではドイツ人アルトリッヒ博士が副腎エキスを製造するところまで漕ぎつけていた。これ以降の研究の依頼がタカジアスターゼを作り出した高峰の元に持ち込まれた。

一九〇〇年七月二十一日、副腎ホルモン純粋培養の結晶が世に出た。これが世界で最初に発見されたホルモン、「アドレナリン」である。

この発見はウイスキー醸造法よりも高く評価され、高峰は確固たる名声を博した。その功労者は後に共同研究者という名誉を受けた上中敬三にある。

富豪となった高峰一家はニューヨークに豪邸を持つ。そこでキャロラインの社交術が花開いた。それは高峰のビジネスにおいて大いに役に立った。高峰はロックフェラー、カーネギー、バンダービルドらのビジネス界に人脈を得ていく。

久邇宮様をはじめ、日本の高位高官が訪米の際には必ず私邸を訪れるようになった。

一九〇四年、セントルイスで開催された万国博覧会に展示された日本館を譲り受けた高峰はそれを解体してニューヨーク州サリバン郡メリーワルド村に移築した。

金箔と極彩色の壁と天井の家は設計図どおりに組み立てられて松楓殿と命名した。その主は世界的に名を馳せた小柄な日本人であり、夫人は南部なまりだが美しい声の白人であった。キャロラインは御殿の中をこつこつと靴音を立てて女主人の貫禄を示していた。二人の息子たちは黒々とした東洋的な髪の毛をもつ、背の高い美男子であった。

今、ワシントンのポトマック河畔に咲くサクラは、毎年三月の下旬から四月の上旬にかけて「さくら祭り」と称して全米からサクラ愛好家たちが集まって鑑賞される。

これらのサクラは当時のタフト大統領夫人からの提案で高峰が日本へ注文し、寄贈したものである。十二種類三千本にのぼるさくらの木は現在もポトマックの河畔を美しく飾っている。

一九七六年のさくら祭りには特別招待者が列席した。その人はドクター・ジョーキチ・タカミネ三世である。フォード大統領夫妻主催の夜のパーティーには主賓として、彼は満場の拍手を受けて紹介された。

およそ六十五年前に贈られたサクラの木は高峰がすべての費用を支払っていた。

＊

晩年、高峰譲吉は持病胆石に悩まされながら、刻々と死を迎えていた。

そして一九二二年七月、高峰譲吉は二年の闘病の末にこの世を去った。

著名なる化学者・高峰譲吉博士逝去
アドレナリンとタカ・ジアスターゼ発見者、二年の闘病に逝く。
日本クラブ創立者
日本とアメリカの親善に多大の貢献
——ニューヨーク・タイムズ紙

このような見出しで高峰譲吉の死を報じた新聞は大西洋沿岸から太平洋沿岸まで広範囲にわたった。

高峰の遺したものは、有形あり、無形あり、アメリカにおいてしかり、日本においてしかり。それらを深く惜しむ者は数知れない。今も伝承される日本クラブや、春が来ると咲き誇るサクラの花は、高峰譲吉の名前を知らない人たちにも何かを呼びかけている。

プライベートに遺された遺産の相続は、一使用人に至るまで高峰自身によって記されている。

1922　病床にて
左より、次男の嫁ヒルダ、キャロライン、高峰譲吉

遺書はキャロラインの遠い親戚にあたるアグネス・デ・ミルの好意によって筆者に提供された。執筆に当たっての唯一の証言者でもある。彼女に会ったのは一九九二年九月二十日、ニューヨークである。

アグネスの父はウイリアム・チャーチル・デ・ミルという劇作家であり、母のアンナ・ジョージの父は一八七九年にベストセラーとなった『進歩と貧困』の著者であり、基本的経済論である『単一税』をアメリカ議会に提出した歴史的な人物である。

父の弟であるセシル・B・デ・ミルはハリウッド映画史に永久に名をとどめた映画制作者である。アグネスは、ブロードウェイで大ヒットしたミュージカル、「オクラホマ」の振付師となってアメリカ・ミュージカル・ダンサーとして、マーサー・グラハムと共に名声を得る。

ここにアグネスが筆者に語った高峰一家の豪奢な生活を記す。

もろもろの発酵素が作り出した高峰家の富は三代や四代に引き継がれてもなお余りあるものであった。パーク・ディービス製薬会社を筆頭に三共株式会社や、グリセリン再生法の特許その他からの利益は年々増加していくばかりだった。アグネスは、自分の親戚には不思議な人たちがいると語った。

メリーワルドの森の中の壮大な東洋の御殿に出入りする人たちをいったい、どこの国の人だろうかと思った。

主はれっきとした東洋人で、ゆっくりと木々の間を歩き、しゃくなげが咲く前を通ると、じっと眺めて、また歩き出す。主のまわりにまつわりつく子供たちもいなければ、かしずく妻らしい人も見かけない。小さい東洋の紳士は、無口だが、憂うつでもなく、気配りに満ちた微笑のまなざしを与えて、松と楓の林の起伏の中に見ることができる。

この人がドクター・タカミネだと聞かされた。アグネスが、物心がついて最初に畏敬した人物だった。タカミネ夫人といえば、いつも背筋を伸ばし、あごを少しばかり上に向けて貴婦人然としている。

たしかに、南部育ちの良家の娘らしく、しっかり者に見える気風は、夫である高峰譲吉と過ごした三十四年間保ち続けていた。

高峰家にはジョーとエーベンの二人の息子があった。ハンサムな混血青年はメリーワルドの森の御殿ばかりにはいなかった。ニューヨークの本邸からサリバン郡のメリーワルドの村まで最新式のスタッツ・モーター社のスポーツカーを飛ばしては村人たちの話題に上っていた。

マンハッタン島リバーサイドの豪邸から森の御殿までの二百キロの道を貴公子然とした高峰二世の運転する姿は人目を充分に引いていた。しかし、そこには、すでに栄華の中の底知れぬ退廃がきざしていた。譲吉二世は、譲吉の後継者としてはいささか心もとない人物であったが、母キャロラインの溺愛のうちに養育され、プレイボーイの名をほしいままにしていたが、譲吉の財産をねらうマフィアの魔手によって若くして生命を奪われてしまう。

キャロラインの後半生については「ただ驚くのみ」と老女アグネスは言った。

キャロラインは高峰の没後、財産整理の後、次男エーベンの勧めでアリゾナ州ベエイルに住む友人であるチャーリー・ビーチの所に旅行する。

アリゾナの砂漠の中で馬に乗って砂煙を立てながら走り回る毎日はシャンデリアの下で絹のイブニングのすそを翻してカクテルを片手に泳ぎ回るきらびやかさをすっかり忘れさせた。

カウボーイハットをかぶり、馬を蹴散らしていくチャーリーの姿はキャロラインの憂うつを吹き飛ばした。晴れ晴れとしたキャロラインは再びニューヨークの生活に戻った。

そしてチャーリーとの仲も友人としての親しさを越えていった。

最も愛する人へ
お手紙ありがとう。ちょうど昨日、あなたに手紙を書いて出したところでした。全く長く夜が続いて時計はまだやっと十二時を過ぎたばかりで失望します。
フィニックス市からは何も音信が無いので午後二時頃には手紙を出します。あなたのいつもの言葉を守ってよく食べています。

私のいとしいハートは、あなたへの愛で張り裂けそうです。
いとしい人よ！　気をつけて。
百万語の愛の言葉をもって……。
チャーリー

四十歳になんなんとする男が、六十歳の女性に宛てた手紙とは思えない純情なものである。

キャロラインの再婚相手
チャーリー・ビーチ

チャーリーがいくつもの愛の手紙を送ったキャロラインはとうとう結婚する。ドクター高峰の夫人としての誇りはニューヨークの上流社会での鎧であった。譲吉と過ごした黄金の格天井ときらめくシャンデリア、宝石とパリのファッション、高名な紳士と淑女たちの会話、古伊万里の皿に盛られたフランス料理である。その鎧を高峰の死後見事にかなぐり捨てて、アリゾナ州の砂漠の中で自由奔放な牛の放牧を職業とする若いカウボーイの妻に変貌する。チャーリーはキャロラインの愛を引き寄せるために必死になっていた。キャロラインはチャーリーを連れてヨーロッパ旅行や日本への旅行を楽しんだ。

似合いの夫婦と見られ、二人はアリゾナの砂漠の中で結婚生活を全うすることになる。

高峰の遺した財産はキャロラインが最後の受取人として手中に収めた。

「すべてはキャロラインの英知ある判断に任す」との遺言の通りになった。

その最後の遺言（抜粋）を紹介する。

高峰譲吉の最終の遺言

一、天皇の臣民たる高峰譲吉はニューヨーク市に在住するが、今は仮の宿、ノースキャロライナ州ボルチモアで最後の遺言を宣言する。

本証書の中でキャロライン・高峰に依頼を任命する事を希望する。東京の友人塩原又策と共にこの遺言執行者となる。私の愛妻キャロラインに不動産・配当・特許使用料を与える。

私が死亡した時には、イリノイ州シカゴにいるマルコム・ハリス博士に私の肝臓を解剖し研究材料としてもらう。三十年前にヘンローチン博士に手術してもらったことがあるからである。

遺体は火葬にする。

埋葬はニューヨーク市ウッドローン墓地とする。遺骨の半分は妹の竹橋順または塩原又策によって東京の墓地に埋葬する。

不動産について

アドレナリンの配当について

パーク・ディービス社の配当

高峰発酵株式会社の株の配当

高峰国際工業の株の配当

リバーサイド・ドライブの本邸について

松楓殿について

タカジアスターゼの配当について

日本のアドレナリンの配当について

三共株式会社の配当について

……

証人と私（高峰譲吉）が一九二一年五月一七日に、私（高峰譲吉）自身の手で封をした書類をそれぞれ一通ずつ保管する。

高峰譲吉

以上の遺言は三千五百語の言葉によっている。

高峰譲吉の名はジョウキチ・タカミネ三世を最後に消えていく。三代の高峰家が生きた百年は、アメリカに生きた日本人の歴史であり、明治・大正・昭和の歴史でもあった。

高峰譲吉博士を心から称えてペンを置く。

松平忠厚とカリー・サンプソン

松平忠厚

Tadaatsu Matsudaira

1850年-1888年。最後の上田藩主・松平忠礼の弟。ユニオン・パシフィック鉄道会社(Union Pacific Railroad) のエンジニアとして働く。当時世界最大のつり橋「ブルックリン・ブリッジ」の建設にアシスタント・エンジニアとして参加。

カリー・サンプソン

Kary Sampson

1898年-没年不明。ラトガース大学門前に書店を経営するウィリアム・サンプソンの次女。1879年、松平忠厚と結婚。

I　ラトガース大学

信州上田藩、松平忠固（忠優）の次男の忠厚は江戸城西の丸下上屋敷で一八五〇年（嘉永三年）八月十四日に誕生。幼名は金次郎。生母は松平の家臣の岩間家の娘おつま。側室であった。忠固は五人の側室の間に十六人の子供をもうけたが、このうち成人したのはわずか五人に過ぎない。長男忠礼、次男の忠厚の兄弟は頭脳明晰で父忠固は成長を楽しみにしていた。

一八五九年（安政六年）九月、忠固は突然に死去する。井伊大老が桜田門外で暗殺される前年のことであった。

公武合体の実現のため孝明天皇の皇女和宮と将軍徳川家茂との結婚が実現し、京の都から江戸城への輿入れの行列が中山道を通過するとなると沿道に連なる大名たちにとって、莫大な出費を伴う治安警備の負担がのしかかって来た。すでに上田藩が抱えていた赤字財政は修復の余地がないままにあって、国元の商人や庄屋に証文のみを書いて資金の調達をしている現状に、これ以上の出費は領民の人心を脅かすものとなる。国元の家老藤井右膳の苦心は並大抵のものではなかった。

一八六六年（慶応二年）、十四代将軍家茂は二十一歳の若さで没する。孝明天皇もまた同年に崩御。それは受け身の幕府側にとって、暗雲に覆われたような不安を覚えた。

幕府崩壊の前夜、松平忠厚は十四歳で分地五千石の領民と共に苦渋の生活へ入る。

上田藩のこうした変化の中にあって弟忠厚はどうしていたか。上田藩の分地、信濃の国更科郡塩崎・松平忠行の養子として十歳で入籍、五千石の領地である。

宗家上田には明倫堂という藩校があったが、幕末の混乱の中で廃校となり、忠厚の勉学へのやみがたい血潮はやがて江戸よりも長崎よりも、もっと遠くの空に想いをたぎらせていた。

やがて大政奉還は一八六七年十月十四日に実現した。

諸大名の領地、禄高の没収とその新行政の発行による混乱は、殿様よりも家臣のものにとって一層きびしいものになった。

父、忠固の死後（一八七二年、明治五年七月）、忠厚は兄の忠礼と共に日本を発ってアメリカに向かった。父、松平忠固は開国派であったため、老中でありながら国もとの上田藩に蟄居させられた。忠固の開国論に共鳴した長男忠礼、次男忠厚はその父の意思を継いでアメリカに留学したのだった。忠礼二十三歳、忠厚二十一歳の船出である。

二人の兄弟は、ペンシルバニア州ラトガース大学に留学。すでに日下部太郎（越前）がラトガース大学のグラマー・スクールへ留学し、英語の課程を修了していた。日下部の影響を受けて忠厚の勉学への意欲はますます高揚していった。

松平忠厚

英語の研修も終わり、忠礼と忠厚は本科の理学部に入学できた。

忠厚は学生会長というべきモニトルに選ばれ、積極的な活動をしていた。後に遺品の中から、フィラデルフィアにおける万国博覧会にアルバイトに雇われて働いた記録が出てきたという。

忠厚は物怖じしない自信に満ちた性格であったという。若殿の風格は一向に衰えず彼の人生のエネルギーとなっていたのだ。

その頃、すでにラトガースに在籍していた日本人は、吉田清成、大西熊一郎、松村準三、白峰周馬、松村順蔵、畠山久乃助、服部一三、石据稔、高辻、工藤、大西、大井、小川等。その中にあって忠厚の成績は抜群であったと、記録にある。

目賀田種太郎もラトガース大学を経てハーバード大学に行った。彼は勝海舟の三女逸子と結婚し、長い留学生活を生かした学識を持って大蔵省の有能な官吏になった。

田中不二麿は一八八三年の岩倉米欧派遣団の名簿の中に、理事官随行という名目で岩倉具視に同行した。

畠山吉成もまた、岩倉具視に同行。その後ラトガース大学に入学する際、抜群の英語力に無試験で入学許可が下りた。

これらのサクセスストーリーに名を連ねた留学生の陰には、病気となって異郷で他界した学生、志を得ずして帰国した学生等、栄光の陰に散っていった多くの若者がいた。この頃、ラト

ラトガース大学の日本人留学生たち

ガース大学に関わりのあった学生たちの行く末は、学識の密度よりも、まず肺結核という恐ろしい病菌に取り付かれているか否かによって異なってくる。結核菌の中を通り抜けることが当時の成功の第一条件であった。不治の病、業の病とされて、あたら有為の若者がこの世から奪われていった悲しい時代であった。

また、優秀な生徒ばかりではなく、退学届けも出さずに消えていった留学生も多い。

ラトガース大学、アレキザンダー図書館ではとくにW・E・グリフィスの書き残した書簡、論文、資料がグリフィス・コレクションとして貴重な存在になっている。この中にグリフィスの日本見聞の資料があり、とくに留学生に関してラトガース大学内にとどまらず、外部から利用される日米国交の歴史が生き生きとして貢献しているように見受けられた。その中にかつての日本人留学生の資料を見ることができた。

しかし、松平兄弟の資料には一つ不可解な点がある。忠礼と忠厚の記録が混同され、一人分になっていたのである。W・E・グリフィスの記録によると、彼自身がタダナリとタダアツを混同している。ラトガース大学を卒業するまではタダナリで、それ以後のタダナリの業績は全てアメリカにおけるタダアツの業績につながっているのだ。

アレキザンダー図書館においても、二人のマツダイラを混同した記録を解明して正すことは、資料上の問題として難しいという。忠厚は、のちに一八七八年に兄忠礼が帰国する時には、確かにニュー・ブランズウィックにいたのであるが、果たして彼がラトガース大学を卒業したか否かは不明なのである。

II ブルックリン・ブリッジ

一八七八年、兄の忠礼は国元の元老たちの懇請で六年ぶりに帰朝した。旧家臣達の要望により、学位を得たならば即刻帰朝されたいという、日本出立の時の約束を果たしたわけであるが、忠厚のほうはただちに日本へ帰ることに躊躇があった。

一つには恋愛中の女性がいたこと。二つにはもっと理工科を勉強してみたいという意欲が、ラトガース大学時代からの忠厚の胸の中に沸々と沸き起こっていたのだ。兄にはついに本心を打ち明けないで、ニューブランズウィックの町を出て行った。一人ではなかった。カリー・サンプソンというアメリカ娘が同道していた。彼女とはニューブランズウィックの町で知り合った。父親のウィリアム・サンプソンは本屋と雑貨屋を経営しており、そこは学生たちの溜まり場になっていた。

後に兄忠礼が日本より忠厚に出した手紙には「私が帰朝する折に貴方が逃避された件は面目をなくし体裁の悪かった云々」とあるので、忠厚は突然として姿をくらましたようだ。

明けて一八七九年一月、工学士の忠厚はニューヨーク・ローン・アンド・インプルーブメント社に入社する事ができた。しかし、そこで見たものはラトガース大学で勉強したものだけでは他の熟練技師と互角に仕事はできないという事だった。忠厚は日進月歩で開発されていくアメリカにおいて将来の方針を打ち立てた。

その後、建設会社を退社し、ウースター工科大学へ（入学というより）聴講生として半年間在籍する。習得した測量技術で新しい測量器を開発し、アメリカの新聞で大きく取り上げられることとなる。

それから、ニューヨークにもどって一八七九年八月六日にカリー・サンプソンと結婚した。結婚式はマイナビルにあるカリーの姉の家において行われた。カリーはこの時、十九歳だった。

忠厚は、結婚後すぐの一八八〇年一月九日、マンハッタン高架鉄道会社に入社した。シビルエンジニア（土木工学技師）として最初の日本人となる。時にニューヨークは、マンハッタン島からイースト・リバーを超えてブルックリンに至る世界最大の釣橋を架ける大工事が始まっていた。

ジョン・E・ロブリングというドイツからの移民技師が「空中に羽根を広げて飛び上がる鳥

カリー•サンプソン

たちのような華麗な橋を作りたい」という幻想的な構図を胸に描きだしたのは、工事を始める三年前であった。ロブリングはすでにピッツバーグに二つ、シンシナティとナイヤガラにも斬新な橋を建設し、そのデザインは世界中の建築家たちの称賛を浴びていた。

ロブリングはニューヨークの実業家から投資を得て着工した。

橋が欲しいと願うニューヨーク市には、ロブリングの雄大な構想は夢物語としか映らなかったが、誰一人として笑うものはいなかった。架橋は市民にとっての待望であったのだ。冬のイースト・リバーはざくざくとした氷が川面に浮かび、寒風は海から、川上から吹き上げてくる。橋のない川はフルトンの汽船会社の連絡船が一日中往復してニューヨークとロングアイランドを結んでいた。しかし、ある冬の日、連絡船が転覆して大惨事となった。

ブルックリン・ブリッジ・プロジェクトに参入している会社はメトロポリタン高架鉄道会社、ニューヨーク・セントラル鉄道、ニューヨーク・ブリッジ会社とその下請け会社である。

忠厚が入社したマンハッタン高架鉄道会社は既に着工していたブルックリン・プロジェクトに参入していた。後にメトロポリタン高架鉄道会社に合併されるが、在籍中に忠厚がした仕事は、第八アベニューの延長と、第一アベニューと第二アベニュー線のイースト・サイドまでの設計を担当した。その後、ブルックリン・ブリッジの測量のアシスタント・エンジニアとしての才能の片鱗を見せる事になる。

精密な科学器具

若き日本人エンジニアの発明！　測量に利点

最近メトロポリタン高架鉄道会社に入社した、一八七二年に渡米の若きエンジニアT・A・マッダイラ氏によって画期的な測量器具が発明され話題になっている。

T・A・マッダイラ氏は、日本人として、アメリカで最初の専門的なシビル・エンジニアである。

現在の測量器具は三角法、対数、函数等の難しい時間のかかる計算が必要であったが、マッダイラ氏の発明はこれら複雑な計算をする必要もなく直接に正確に測量でき、しかも二十秒以内で完了できるものである。

T・A・マッダイラ氏はこの価値ある精密測量器の発明の他に、多大な時間と労力を費やして、三部からなる数学の著書『空間の軌跡』を近く完成する。

彼の本は多数の数学者たちの高い評価を得ている。

——一八八〇年二月十八日付　ニューヨーク・タイムズ

また、ザ・ワールド紙二月二十四日付で同じ内容の記事を掲載して、彼の独創的な発明を称賛している。

この段階で忠厚は特許申請をしておくべきであった。殿様には商才がないというのは忠厚にも当てはまる。彼の才気はこれから先も光り輝いていくが、経済的な恩恵は名声に反して充分とは言えなかった。

むしろ忠厚の考案した測量器具は、各土木工事関係者が独自に作り出して発明者マッダイラ忠厚の特許権すら消滅してしまった。

忠厚の優れた才能を誰か保護してくれる人物がいたならば、彼の生命はもっと長くあったかもしれない。


日本人の発明家!

高等数学の論説をもとに今までの古い方法から簡単に迅速に結果が得られる器具を発明した。

T・A・マッダイラ氏は一八八〇年に東京から来た。日本の数学を習得していたが、化学の実験は健康を害する事を知り、彼は数学に戻った。

彼の仕事はメトロポリタン高架鉄道の基礎と構造の関連についてのものである。彼はニューヨーク市のチーフ・エンジニア、シャンク氏の部下であるが、マツダイラ氏は充分に時間を費やして完全な器具を作った。

それは三角測量の方法である。その安全と迅速は過去に見ることはできないものだった。

——一八八〇年二月二十九日付　ニューヨーク・デイリー・トリビューン

これに続いて忠厚は天体観測器具も考案したが、その数学的な才能に敬服すると共に、十二か国語が話せ、フランス語は易しいが英語はむずかしいと言っていることを紹介し、彼の秀でた額は理知的な印象がある、と賞賛している。

ブルックリン・ブリッジの工事は着々と進められていた。

ところが、川底を掘って土台を作る工事場の穴の中で原因不明の病人が続出するという事態に見舞われた。ロブリングの長男であるワシントン・ロブリングも工事場で何回となく倒れた。後にわかるが、それはいわゆる潜函病《せんかん》だった。

ワシントン・ロブリングは父ロブリングより優秀なエンジニアとして、三十歳を過ぎた頃にはニューヨークはもとより、ヨーロッパでも著名になっていたほどの人物である。ワシントンが潜函病によって半身不随となったあとは妻のエミリーがすべての経営とエンジニアリングの指導権を握った。

エミリーのエンジニアリングの知識は夫のワシントンばかりでなく、各界の人が認めるもので「エミリーは卓越した女性であり、秘書であり、看護婦であり、保護者である」との評があった。彼女はニューブランズウィックの生まれで忠厚は彼女の縁故でマンハッタン高架鉄道に入社したと思われる。忠厚の妻カリーの父はニューブランズウィックの知名人であった。娘夫婦の保護者として最後まで忠厚一家の面倒を見るが、忠厚もまた、カリーの父に親しみを持っていた。

犠牲者は次々と出た。エンジニアや工夫たちは腕や首、膝が痛み出して、呼吸が苦しくなる症状を訴え、三十分ごとに空気を缶の中に送り込んだが効果がなかった。そして、陸上に出てきた者は一様に皮膚のかゆみを訴え、筋肉が腫れてくる。こうなると厚着をして毛布にくるまって休むのであるが、吐き気に襲われ、意識朦朧としてくるのだ。看護人は熱いコーヒーを飲ませ、ビーフステーキをたくさん食べさせてから八時間の睡眠をとらせて工事を続行した。

忠厚はまさに危険を乗り切ろうとしていたブルックリン・ブリッジ・プロジェクトの真っ只中に飛び込んだわけである。

デトロイト・ポスト・アンド・トリビューン紙は「日本人に負けたアメリカ人」という見出

当時としては世界最大の釣橋ブルックリン・ブリッジ

しで忠厚を紹介し、最後に日本から来た若いエンジニアは、中位の身長でほっそりした上品な容姿で、謙虚な紳士であるとその人柄を書き添えてある。

ところで、忠厚はこの前年の八月にカリーとの間に第一子の太郎を授かっていた。ニューヨークで持て囃されていた忠厚であったが、彼の経済状態は苦しく、ついに兄の忠礼に手紙を出した。それについて松平忠礼は家長としての権威に満ちた返事をしたためた。

三年前より在住のことを知りその上ご健勝のことにつき喜んでいます。

しかしながら、一八七九年の帰朝の折に姿を消した貴方について私ははなはだ面目をなくし、その体裁を繕うことに苦慮しました。

しかるに今回謝罪されたことと同時に金銭の請求を以てしては、甚だ相容れられるべきものはありません。

まして離婚と同時に復籍したいとの事、簡単なことではありません。私も初めは考えてみましたが、結局離婚する事が男らしいと思います。

手続きは恒川より書状を送らせます。それですから貴方の学費も所要の金銭も送ることはいたしません。よろしく自立の決心を固められて、ご帰朝の事も自分で才覚してください。

これは貴方の進退にとって重大な事です。

親戚などと相談し、時間をかけて情義の修復をしたいと思います。

明治十四年八月二十五日

松平忠厚殿
松平忠礼
（書簡の大意）

この時、忠厚は何を思って日本へ帰りたくなったのか。

忠厚の赫々たる名声を引っ提げて帰朝すれば、明治政府には最新式土木工業の寵児として迎えられると思ったのだろう。

確かに忠厚が帰朝した場合、日本にとっては外人技師を雇うよりも日本人技師を雇うほうがはるかにいい。多大な月給を要求される外人技師よりも国にとっても幸いな事でもある。

結局のところ忠厚は一度も日本の土を踏む事がなく、アメリカ大陸を測量器具を担いで回る事になる。

文面にあるように忠厚は養子先の塩崎陣屋にすでに妻と女の幼子があった。渡米してすでに八年が過ぎていた。日本に残してきた妻子については離婚し、松平の本家に復籍したかったのだが、当主の忠礼はそれを許さなかった。

忠厚はアメリカに永住する事を決意する。分家では、養子を迎え松平家の分家として存続したが、幼子は早逝した。上田市願行寺にまつられている。

西部の開発ブームで鉄道の測量に引っ張り凧の忠厚はブルックリン・ブリッジの完成を待たずして西部の開発ブームに乗って鉄道の測量に奔走する。忠厚の最も得意とするのは狭い所、曲がった所を測量することであった。

アメリカは南北戦争も終わり、南部からも北部からも大陸の中央や西部に移住する人口の動きがにわかに多くなってきた。大陸横断のユニオン・パシフィック鉄道は完成していたが、中小都市を結ぶ交通機関は川を利用した船の輸送か馬車に頼るしかない。ブームに沸き返っている西部地方は鉄道をいち早く敷くことが先決の問題であった。

忠厚は幼子をかかえて移動する測量団に加わる事に躊躇した。しかし、忠礼からの援助を打ち切るという通告を受け、更に養子先の塩崎分地にある妻子との離婚、本家松平家への復籍も拒否された今、忠厚は自立の道を考えなければならなかった。

忠厚はアシスタント・エンジニアという地位だったが、これはエンジニア補佐というもので

最後の上田藩主　松平忠礼

はなく、チーフ・エンジニア（主任）に対して副主任という高い役職である。ブルックリン・ブリッジの建設に当たって、アシスタント・エンジニアはチーフでありオーナーであるワシントン・ロブリングの下に、三十人が付属していた。

問題は、忠厚がいかにしてこのプロジェクトに入り込んだかという事である。先にマンハッタン高架鉄道会社に入社した忠厚は、合併したメトロポリタン高架鉄道会社にそのまま移籍した。メトロポリタン高架鉄道会社はニューヨーク・セントラル鉄道と共に入札し合同で請け負っていたため忠厚にとってマンハッタン高架鉄道会社に入った事は幸運であった。

後に鉄道王と言われるニューヨーク・セントラル鉄道のオーナーであるバンダービルトは鉄道事業を全国に拡大していく。アメリカの富豪と言われているロックフェラー、カーネギー、バンダービルト等はこの時代に事業を起こした人たちである。

忠厚は引く手あまたの会社の中からユニオン・パシフィック鉄道を選んで再就職する。忠厚が一年間に残した業績は、発明や改良機器の製作ばかりでなく、つい最近まで鎖国していた日本が、侮りがたい優秀性をもつ民族であるということをアメリカに知らしめたことこそ評価されるべきである。

ある人は、ペリー提督が野蛮な日本に行ってアメリカの近代化を伝えてきた恩恵によって、マツダイラのような科学者が育ったのだと誇らしげに言う。ある人は日本恐るべしと脅威の目を見張る賛辞を贈った。

国交が始まった一八五四年を契機として、ようやく明治新政府の体制になったばかりの、まだ革命の波が収まらぬ時代に飛び出してきた「サムライの末裔」が、高等数学の旗をなびかせてアメリカ社会に斬り込んだようなものである。忠厚の意気軒高な姿を想像するが、「明るくて礼儀正しいゼントルマン」という印象を受けた人が多かった。

妻子を連れてユニオン・パシフィック鉄道会社の測量団の責任者となってニューヨークを離れて行く忠厚の心境は果たして幸せであっただろうか。

忠厚はこれから、カリーと太郎を連れてアメリカの山間を行き来することになる。

これより三年の後にブルックリン・ブリッジは完成し、その美しい姿が世界の目を奪った。世界一長い橋（一五九五フィート）、世界一美しい橋、そして空に向かって大きな羽根を羽ばたいて上昇していくロブリング一世の幻想は実現した。まさに天上にいるロブリングのもとに飛翔していくかのごとくであった。

筆者は寒風が海から川面を渡って吹きつけるブリッジの手すりをつかみながらマンハッタンからブルックリンへと渡ってみた。ジョギングの人、車椅子の人、イヌの散歩をさせている人、現代の人々の生活が橋の歩道に溢れている。この壮大なブリッジに強国アメリカの象徴があった日の面影を、見上げる二つのタワーの石の肌に時代の風雪を感じた。

一方、カリーは、父ウイリアム・サンプソンの庇護を生涯受ける事になるが、カリーの義母レイチェルも孫の養育にも手を貸すほどに家族のきずなは固かった。が、やがてサンプソン夫妻もカリーの波乱の人生に翻弄される事になる。

サンプソンは早くから「マスター」の地位を占め、会員の尊敬を得ていたフリーメイソンの一員だった。

フリーメイソンの発祥はイングランドとウェールズを中心とし、アイルランドにも大きく組織を広げていた。教会と言わず「ロッジ」と名をつけて何百というロッジを各地に点在させて会員の団結を固めていた。

フリーメイソンの団結は極めて強いもので、一人の会員が一般社会で不利な立場に立たされた時には相手を亡き者にしても会員を救おうという強烈なものである。会員の相互扶助の厚みに比例して裏切り者に対してもその罰は厳しい。

サンプソンはカリーが東洋人と結婚する事を素直に喜んだのだろうか。

フリーメイソンの要職にあったサンプソンは会員の純粋性を求めていた時代に、東洋人と結婚する娘にどのような気持ちであったのだろうか。

忠厚が測量のために各地をめぐる行く先々にサンプソンはそれぞれのロッジに紹介状を書いて娘夫婦の安泰を願ったと思われる。

ニューヨークからデンバーに向かう、デンバーから西に二十マイル、ハイウェイ五十八を走ると、薄茶色の山脈もあらわに殺風景な山あいであるが、かつてはゴールドラッシュで東から荒くれ男達がなだれ込んだ西部開拓の玄関口として栄えた「ゴールデン」という街がある。そこに忠厚家族は向かった。

Ⅲ　パシフィック鉄道に沿って

忠厚は、妻カリーと長男太郎を連れてニューヨークを出発した。

ユニオン・パシフィック鉄道の拠点であるネブラスカ州オマハ市までは既に鉄道が敷かれていたから一三〇〇マイル（二一〇〇キロ）の道程は気楽なものであった。

南北戦争が終結してから早くも十五年を経過していたアメリカ東部地方は建国の嵐が収まるどころか、ヨーロッパの最新技術とアメリカの独創的な開発によって、意気軒高の波は正に怒涛のごとくアメリカ西部に向かっていた。北はマサチューセッツ州からバージニア州にかけての六州にはニューヨーク鉄道、セントラル鉄道、ペンシルベニア鉄道の各会社に加え、中小鉄道会社が群がって鉄道を敷いていた。

忠厚には車窓から見える景色が、都会の高層といっても四階建てのものであるが、それらの家並みが視界から消えると、全くの原生林の中に入り込んでいく一本の鉄道——。それしか人間の匂いがないほどに辺りは荒涼とした風景が続く。

ニューヨークからペンシルバニア州のハリスバーグ、ピッツバーグを通り、オハイオ州コロンバスからイリノイ州シカゴを経てアイオワ州の大平原を横切っていよいよネブラスカ州オマハに到着するわけである。

日本への想いに揺れながら、親子はいつも三人、原野の鉄路を任地へ移動する。

冬の原野は恐ろしいほどに森閑として雪に覆われている。

時々アメリカ杉の大木から滑り落ちる雪が車窓から見える。

山肌も露わな断崖絶壁の中を蛇行していく汽車は、ちょうどオモチャのように軽々しい心もとないものであった。

ニューヨークでも囃された新進エンジニアとしてオマハに向かっていた忠厚の胸中には希望と落胆が交差していたに違いない。希望は新天地で自分の技術を披露すること。落胆は松平家の庇護を受けられなくなった事である。日本に帰って自分の技術を誇らしく披露して日本中に鉄道を敷きたい情熱があった。しかし、本家筋の松平家の勘当にも等しい処遇は耐えられるものではない。ましてアメリカ人の妻と混血の男児を連れての帰朝では、とうてい日本の社会に受け入れられない。

細い鉄路に揺れる汽車ばかりでなく、忠厚の心も絶えず揺れ動いていた。

これから先もずっと親子三人でアメリカ大陸を旅する事になるが、忠厚の最も愛するものは妻のカリーとその子太郎でしかない。単身赴任ということは最後までなかった。

カリーも、父サンプソンの庇護とは別に忠厚に従っていく、アメリカのパイオニア精神を持った妻の働きを自分自身に課していた。

幌馬車に揺られて行った開拓者がインディアンの襲撃に遭いながら、太平洋沿岸までたどりついた光景を今、カリーは体験している。鉄道が敷けても汽車に乗れる人の数は少ないのだ。まだワゴン（幌馬車）隊につれられての移動が多い。

筆者は取材で彼が実際に走破したオレゴン・トレールをなぞった。現在、この道中にはところどころに記念碑が建っている。といっても個人を称えたものではなく一メートル四方の銅版に「このオレゴン・トレールを通って太平洋岸に達した人たちは数少ない。ここにおいてコレラで死亡した幌馬車隊の人たちの冥福を祈る」というものである。

ここにキャラバンの歌がある。

一番近い郵便局は二百五十マイル
薪を買うには百マイル
お水を飲むのは二十マイル
地獄のあの世は六インチ

六インチとは靴の先からかかとまで、つまり一歩どころではなく半歩先の運命はわからないということだろう。

サウス・パスに着くと百五十年前そのままの姿が目に入った。ゴースト・タウンとしてアメリカの開拓史の重要な一ページとして残っているこのサウス・パスの通りの真ん中に立ってみた筆者に、勇壮な騎兵隊でもなく、幌馬車に揺られて黙々と西へ向かった人たちの群れが目に浮かんでくるのだ。

この宿場に忠厚一家も一泊したであろう。

ダコタ・ストリートの角にフリーメイソンのロッジをみつけた。そして郵便局はフリーメイソンの会員が建てたもので二階をロッジとして使用していたのだ。こんな山の中の宿場にもフリーメイソンが浸透しているとは全く驚きである。

忠厚一家は当時、このような悪条件の中アイダホ州に入り、最初の測量をする目的地オレゴンに着いた。ニューヨークから実に三千マイル（四千八百キロ）を旅したわけである。

忠厚がエンジニアのグリスオルドや運行調査官ラグレス等と共にオレゴン・ロードの中心部の調査を終えたのは一八八一年三月二十六日であった。

調査隊は実に鮮やかな速度で仕事を終了させたが、寒いオレゴンには強力な装備を身につけた感じの良い隊員であったという。

特に松平忠厚土木エンジニアは際立った熟練の人である。ユニオン・パシフィック鉄道に入社して初めて西海岸に来た事を報告したデイリー・ニューズが先駆けとなって忠厚の行動は注目される事になる。

オレゴンからアイダホに移動した忠厚は病気になりオマハに帰ることになった。当時の医学では病名は判明しなかったが、現在でいう肺結核である。病気が小康状態の時、忠厚はコロラド州とネブラスカ州に出張する。三月から八月までオマハで休養した甲斐があったのか忠厚の仕事は順調に進み、チーフ・エンジニアとしての完璧な仕事ぶりは、同僚からはもとより各地で賞賛される。

山中の谷間を馬に乗って進む地形測量は忠厚の独壇場であった。

オグデンの西にあるプロモントリーは大陸横断鉄道の合流地点で、枕木に純金の楔が打ち込まれ、記念碑が建てられている。現在、黄金の楔の原型はスタンフォード大学に保存されているが、セントラル・パシフィック鉄道のオーナーであったローランド・スタンフォードが、自分で創立した大学に展示するのもむべなるかなと思う。

北に向かった忠厚の一行はネブラスカ州のセント・ポールに着く。

「日本人のエンジニアが我々の土地に来た！」とセント・ポール・フリープレスが報じた。セント・ポールからオマハまでは百マイル（百六十キロ）と近くなり忠厚もほっとしたに違いない。

道なき道を歩き、谷川は馬で渡り歩いた一年の間に、忠厚はかなりの疲労を蓄積していた。少しばかりの間、一定の場所に定着したいという願いは次の年に実現するが、カリーと二歳の太郎はテント生活にも慣れたのか健康であったことは幸いである。

測量中は山あいの沢にテントを張り、炊事も外でするキャンプ暮らしは決して楽なものではなかったはずであるが、カリーの不満を聞いたことはなかった、と生存している血縁者は述べている。

南ダコタ州とネブラスカ州境にあるヤンクトンからゼイムス川の上流に向かって北上する測量は調査隊にとって身の危険さえもあった。南ダコタ州のスー族、ショショーニ族、アパッチ族等のインディアン部族はまだホワイトマン（白人）に抵抗していた。

南北戦争の後には戦場から集めたハーパース・フェリー銃やライフルも装備したインディアンは鉄道工夫たちにとって脅威であった。

忠厚の測量は、単に鉄道を敷設する地形を測量するだけでなく、橋梁を敷設するための測量も重要な任務であった。五日間程度の奥地探索であれば、妻や子は本拠地においていったと想像される。そんなキャンプ暮らしにもカリーの不満を聞いたことはなかった。

ブラッドフォードの新聞は忠厚を温かく迎えていた。


日本を代表する練達なエンジニア、T・A・マッダイラ氏は芸術的な人である。この近辺を相変わらず、忙しく測量するであろう。バッファロー、ピッツバーグ、ローチェスター、カスター・シティーなどの名前が挙がっている

——ブラッドフォード市新聞掲載より

忠厚が平穏な家庭生活に入った一八八二年に長女フミエが誕生し、一家は幸せいっぱいの時を迎えた。時にはオハイオ州のチェサピークまで出張することがあっても、ほとんどブラッド

フォードを中心に止まっていた。

一八八五年には次男欽次郎が生まれる。忠厚夫妻は三人の子供たちに日本の名前をつけた。長男の太郎は上田城から朝夕仰いだ太郎山にちなんでいた。長女はフミエ、次男は忠厚の幼名松平欽次郎の名をとって欽次郎と命名した。

ブラッドフォードの町は忠厚一家にとって初めての安らぎを与えてくれた町であり、幸せな最後の時期ともなる。

しかしながら、長女フミエが一歳半の短命であった事は悔やまれた。

「ブラッドフォード市で著名なエンジニア、T・A・マツダイラの長女フミエは一か月の短い病に終止符を打って昇天した。フミエはオイルの町で初めての日本人の出生者であった」と報道された。墓地はオーク・ヒルにある。

ブラッドフォード市の「歴史の通り」として大切に市民が保存運動に協力しているが、ここにグレイの瀟洒な建物「マツダイラ・ハウス」がある。辺りはみなビクトリア調の重々しい建築物であるが、「マツダイラ・ハウス」は現代にも通じるシンプルな外観である。一八八六年に完成したものである。

現場に立ってみるということは、資料を百万遍ひもといてみても見つからなかった、新鮮な事実を発見することができる。埋もれたものを掘り起こし、眠っているものを呼び起こす事は歴史をたどる者の使命でもある。そしてその冥利は尽きる事がない。

忠厚がブラッドフォードを去って行ったのは一八八六年の九月。忠厚の胸の中に忍び込んだ悪魔の菌は徐々に肺の中に巣をつくっていた。

一家は父親のサンプソンの元に急いだ。ロッキーの山々の頂上は既に雪が積もり高原は色づいた木々が美しかった。

Ⅳ デンバーに死す

ブラッドフォードを出発した忠厚一家は、五日間の旅を終えてやっとコロラド州コロラドスプリングスの町に着いた。そこには、カリーの父、ウィリアム・サンプソンの兄、アーチボルド・サンプソンがいた。とりあえず、デンバーに行く前に長旅の疲れを癒すために滞在する事になった。アーチボルドの知名度は高かったが、法律家としての名声よりも、南北戦争で活躍した「ジェネラル・サンプソン」としてのほうが人々の記憶に強く残っている。

アーチボルドは忠厚の生活のため、鉱山学校に入って試験に合格すれば地質測定の資格を得られると勧めた。忠厚にとって地質学の勉強はたやすいものであった。

当時、二万五千人の中国人がユニオン・パシフィック鉄道に従事していたが、忠厚の瀟洒な背広姿に身を包んだ上品な姿に誰もが「ジェントルマン」の称号を惜しまず、白人社会から中国人のように差別を受けなかった。

炭鉱夫・鉄道工夫の契約労働者にはアイルランド人、スウェーデン人の移民が独占的に労働力を提供していた。その中で忠厚はエンジニアとして高く評価されていた。

しかし、プライドと才気に溢れた「東洋の紳士」に忍び寄る病魔の足音がだんだん早く迫ってきていた。休みなくマクニール・マイン社に通勤を続けていた。

デンバーの一月は寒い。

会社の事務室で忠厚は倒れた。そして静かに運ばれた自宅で息を引き取った。

T・A・マツダイラの死
著名なブラッドフォード市民のマツダイラ氏はデンバーの新しい住居で他界。
――ブラッドフォード紙

一月二十四日、リンカーンストリート六十七番地の自宅でミスター・マツダイラは午後六時十五分に永眠したとある。

デンバーのリバーサイド墓地に埋葬された彼の行年は三十七歳だった。

松平忠厚　一八五〇〜一八八八
最後の上田城主の弟
コロラド州における最初の日本人
一九八八年八月六日
縁者と友人によって建立

松平家の子孫は現在五代目が存続している。

松平ハル・デントという上品な婦人とその一人息子のゲリーに筆者は会った。東洋系の血を見出す事はできなかったが、ハルさんの面長い輪郭は全く忠厚の血を引いていると思った。

「デンバーで一八八八年埋葬されたジャップは貴族だった」
「デンバー日本人協会の民族の足跡調査によって判明した日本の貴族」

という見出しで松平忠礼と忠厚兄弟の渡米の経緯から経歴について掲載された。

デンバー市、ロッキー時報の今田英一氏と東洋文化協会は松平忠厚を追跡調査した結果、メリーランド州に子孫が健在であることが判明した。

松平忠厚の出番は六十年後になるが、デンバーの一世と二世の手によって脚光を浴びるまで、草むらの中に眠っていた。

V カリーと欽次郎

カリーは二人の子供を連れて父母のいるゴールデンに移るが、そのころ少年感化院において不祥事件があいついだため、サンプソンは転勤に同意してバージニア州に移転した。勿論カリーもまた、太郎と欽次郎を連れて父母と共にバージニア州に移り住んだ。

カリーは生活のめどが立たなかった。夫忠厚の友人であった関に相談すると、彼は自分が輸入している絹のハンカチ百枚を持ってきて、カリーに生活の足しにするように勧めた。

関はセント・ルイスにおいて万国博覧会があった一八八四年からアメリカに住みついて絹織物の小間物を輸入して販売していた。一八七六年、フィラデルフィア万国博覧会で忠厚と知り合ったと思われる。彼は絹商人として絹織物の輸出業者であるが、ラトガース大学に留学中の忠厚が万国博覧会の日本政府の通訳として臨時事務として雇われた時の知己であろう。

関はその後ニューオーリンズ万博（一八八四年）とセント・ルイス万博にも絹製品を出品し、商談を取り付けていた。そのまま、関はセント・ルイスに定住する。

言ってみればカリーは五千石の奥方である。カリーは義兄忠礼の援助を求めたが、拒否されていた。カリーは自立する事を考えたが、関から送ってくるハンカチの販売によって生計を立てていくのは困難である。ハンカチは別れのシンボルといわれているが、カリーと関にとってはめぐり合いのきっかけを作った縁結びのハンカチになった。二人はしばらくして結婚する。

そして、太郎だけを連れてセント・ルイスの町で関と住む事になった。次男の欽次郎は、祖母レイチェルが育てる事になり、エドモンストンの町で老後を送るためにサンプソン一家は引っ越して行った。

カリーと関との間にハルという女の子とウイリアムとジョセフの二人の男子を設けた。関はどうしたわけかこれら三人の子供がありながら妻子を捨てて日本へ帰国してしまう。

カリーは関の消息を尋ねて娘のハルを引き取ってもらいたいと関に送りつけるが、関は男手では育てられないと言って自分の妹にハルを預けた。ハルは叔母のところでいじめられたと言っているが、言葉のわからない毛色の変わった女の子を預かるほうも大変な事であったろう。

やがてハルはアメリカの母のもとに帰ってくる。カリーは関の不実をうらんで日本まで追ってくるが、関は上海に行ってしまった後だった。カリーは上海まで関を追って行かなかったが、フィリピンに出征したまま帰らない太郎に会いに行く。

マニラに着いてみると太郎はフィリピンの女性と結婚していた。すっかりフィリピンに落ち着いた生活をしている太郎を見て、カリーもしばらく太郎と生活を共にする。太郎はアメリカの第八騎兵隊を除隊してからフィリピン女性とホテルを経営し『マツダイラ・ホテル』のマネージャーをしていたという。

一九一八年、風邪がもとで太郎は死亡した。十一月十一日カリーは太郎の葬儀を済ませた後、メリーランド州エドモンストンに帰ってきた。

エドモンストンには次男の欽次郎がいた。長い間離れて暮らしていた欽次郎とカリーは再会するが、関との間に出来た三人の子供たちはいったい誰の保護を受けていたのであろうか。マ

後列左・次男の欽次郎、中央がカリー。
ほかの子は再婚相手関との子供

ニラにはカリー一人が行った様子であるが、カリーの義母レイチェルも太郎と同年にエドモンストンで他界した。

晩年のカリーは、姉のマリーをたより、忠厚と駆け落ち同然で結婚式をしたニューヨーク州のマイナビルへ四十年ぶりに戻る。そして、姉が病気で他界してしまってから姉の夫であるブラウンと結婚する。運命の糸は全く不思議な縁を手繰り寄せるものである。

忠厚とカリーの人生の出発点はマイナビルのブラウンの家であったが、カリーは振り出し点のブラウンの家で人生の幕を閉じる事になる。誠に運命的であり、人生の機微にふれた思いがする。

一方、欽次郎は祖母の死後、十七歳の頃、『デル・レイ・サーカス』の軽業師として地方巡業をしていた。欽次郎は小柄な体を柔軟に動かしてアクロバットや手品を披露した。なかでも鉛筆を使った手品が得意だった。彼はホーラン団長のお気に入りで、この話はホーラン氏の孫がエドモンストンの市長になった直後、筆者のインタビューで明かしてくれた。

欽次郎はワシントンにあるスミソニアン博物館の主催で各学校を公演して歩いた。通常サーカス団というと世間の暗いイメージに見られる事が多いが、彼の公演はそのような感傷的なものではなく、子供向けの楽しいものだった。サーカスを辞めてからはウッドワード・アンド・ノースロープ・デパートメント・ストアーの会計主任として定年まで働く。父忠厚に似て精密な事務処理の能力に優れていた。

一九二四年、エドモンストン市の第一回理事会で『マック』こと松平欽次郎は初代市長（メイヤー）に選ばれた。欽次郎は長年の暗雲が一時に晴れたように思った。

メイヤー・マツダイラとなった欽次郎のもう一つの誇りは消防夫としての資格を持っている事だ。消防夫になるためにはいくつもの教科をとって試験に合格しなければならない。さらにかつて欽次郎が祖父、サンプソンのもとにいる頃、ゴールデンの消防署は最新の装備を誇り、消防夫の優秀性ではコロラド州やワシントン政府から表彰されていた。その消防団はフリーメイソンのメンバーであった。あとで判明したところによると、欽次郎はロッジのメンバーであった。それはフォートリンカーン墓地の欽次郎の墓を発見した折に判明した事である。アメリカで日本人が市長になったのは特筆すべき事である

欽次郎は市長在任中に長野県塩崎に住む清水信一に手紙を書いた。松平家の消息を初めて日本に発信したのだ。しかし、日本訪問は実現できなかった。その想いは彼の孫が果たすことになるが、忠厚の死後百年の歳月が過ぎてからのことである。

欽次郎の娘、オルガさんと面会した時、ホーラン元市長は親切に筆者と同伴して松平家を訪ねた。この家は現在、歴史建物として登録されている。

欽次郎は一九六三年七八歳でエドモンストンで永眠した。忠厚の二世欽次郎は、ロバート、

エレン、ハルの三人の三世を残した。

Ⅵ　ゆかりの人々

一九九四年六月、天皇皇后両陛下が米国訪問の折、デンバー市にお立ち寄りになった。デンバー市の日系社会の歓迎会に出席したハル・マツダイラ・デント（松平忠厚の孫）は両陛下に紹介された。皇后陛下は優しく「松平さんですね」とお声を掛けられたとハルさんは感慨をもって筆者に伝えてくれた。この労をとったロッキー時報の今田社長の心意気に大いに感ずるものがある。

もう一つのエピソードは天皇皇后両陛下がラトガース大学のアレキザンダーライブラリーを訪ねた折、両陛下はライブラリーの外山ガンダルフ良子館長に「日本人の留学生がその昔お世話になりました、ありがとうございます」とおおせになられた。

何を思い、何を語るのか、人それぞれに異なるが、歴史を追い、史実を求めてアメリカ大陸を駆け巡った筆者にとって、多くの共感を覚え、かつ意義のある取材であった。多くの親切な

松平欽次郎（初代エドモンストン市長）

人々に協力していただき感謝している。

二〇〇五年四月、コロラド州デンバー市において松平家の四世五世が一堂に会した。そこで筆者は彼らとの歓談機会に恵まれた。

その中には将来俳優になりたいという高校の演劇部の部員がいた。彼は言う。

「芸名は決まっている。マッダイラと名乗りたい」

松平忠厚とカリーの血は脈々と続いていくのだった。

取材に当たって資料を百万遍ひもといてみても見つからなかった新鮮な事実を発見する。それこそ筆者の最大の喜びである。埋もれたものを掘り起こし眠っているものを呼び起こす事は歴史をたどる者の使命でもある。そしてその冥利は尽きる事が無い。

長井長義とテレーゼ・シューマッハ

長井長義
Nagayoshi Nagai
1845年-1929年。阿波国名東郡（現徳島県）生まれ。薬学者。日本薬学会初代会頭。日本薬学の開祖といわれる。エフェドリンの発見者。日本女子大学や雙葉会・雙葉学園への設立協力と化学教育の推進など、女子教育の向上にも貢献。

テレーゼ・シューマッハ
Telesa Schumcher
1862年-1924年。ドイツ・アンダーナッハの石材・木材を扱う旧家の出身。長井とともに日本の女子教育の強化につとめた。訪日したアインシュタイン博士のドイツ語通訳も務めている。

Ⅰ　ドイツ留学

初夏の候となりました。皆様ご機嫌宜しくお過ごしのこととお喜び申し上げます。私共無事三月二日米国サンフランシスコ港を発ち蒸気車（※以後、汽車）にて同月十日同国フィラデルフィア（※原文ヒラデルヒヤ）に到着。その夜自動車にてワシントン（華盛頓府）に行き十二日夜ワシントンを出発翌朝「ニューヨーク」着、二十日「シチオブワシントン」という船に乗りアトランテック海（アトランチック海・大西洋）を超え、四月一日英国の「リバプール」という港に到着、その夜はここに一泊、翌二日十一時にリバプールを汽車にて出発し、五時にロンドン（竜動府）に着き、七日にここを出発し、二十八日夜プロイセン（ドイツ）領のフランクフルト（フランクホルト）というところに到着いたしました。どうぞご安心下さい。道中の模様は日記にしお知らせいたします。

長井は筆まめであった。

そのため現在においては、百三十年前の日本の情勢と世界の動向をくわしく知る事もできる。アメリカ在住五十年になる筆者でも、この手紙や日記には知られざるアメリカ史の一端を発見することができる。

いよいよアメリカへ向かう長井は、石黒忠悳に見送られて無事「アメリカ丸」に乗船した。この時の様子は、今も語り継がれているエピソードであるが、生真面目さと茶目っ気がうまく折り合って愉快である。以下、保存された記録を元に列挙してみる。

出航前日、石黒は長井を連れて横浜港へ行った。

黒羅紗のモーニングコート
茶色のチョッキ
ズボン
黒の山高帽
真っ赤なフランネルのシャツ

石黒はその出で立ちを見て唖然として息を呑んだ。

モーニングコートには絹か麻の白いシャツを着るのが普通だ。いくら二月の寒さとはいえフランネル、ましてこともあろうに真っ赤とは。一体どこの洋服屋で買ったのか。洋服屋は「白いシャツがきまりです」と言ったが、長井は赤でよろしいと言って真っ赤にした。そして、

「白いシャツではよごれやすい。長道中に洗濯もできない。迷子になっても赤いシャツなら目立つでしょう」

と涼しい顔で言う。

それにしても袖丈も長くコートの袖からはみ出しているではないか。それも時間がないから洋服屋からそのまま持ってきたという。

石黒は、

「これは並の人ではないぞ。こういうのが天才肌というのだろうか」

と苦笑しながら乗船させた。

そうは思っても、小柄な長井がダブダブの赤いシャツに山高帽では街頭で芸を見せる猿回しの猿みたいだと、笑いがこみ上げてくるのをこらえた。この服装の無頓着さはドイツへ着くと俄然紳士に変身する。

日本を出発する時に石黒の友人である伊藤博文がロンドンにいるからまずは伊藤を訪ねるよ

うにという言葉を思い出した。長井も日本にいる間、特に長崎で坂本龍馬達と上野彦馬の家で議論を戦わし、決意を表明しあった仲であった。

伊藤はドイツに行く人がいるから一週間待てと言う。その間大英帝国の一端でも見聞できれば良いと思い、精力的に街に足を運んだ。伊藤はドイツのフランクフルトへ行く二人の日本人を捜してくれた。そしてその二人と長井の切符を伊藤が買ってくれた。伊藤は三人を送り出した時、この若者達の前途を祈ったと後の伊藤博文の強烈な生き方を見る前の優しい心を垣間見る事ができる。

伊藤博文が買ってくれた切符は、二人の同行者とは別々に買い替えて、一人でベルリンまで行くものだった。長井はもう絶体絶命という緊張した気分になった。同行者二人は、長井の道中の無事を祈りながら車中での食べ物を買い揃えてくれた。また、車掌にもくれぐれもベルリンまで世話をしてほしいと頼んでフランクフルトの駅で別れた。

運命の糸は十三年の時を経て長井とテレーゼの出会いの場としてたぐりよせられていくのだが、それは神のみぞ知ることである。一等車の席に着くと、四人が腰掛ける個室の中には、ドイツの若い軍人が同席だった。あまりじろじろと見られるので、いくらか気分を悪くしていたのだが、多分日本人を見るのが初めてではないか、と相手の無礼を許す事にした。緊張と長旅に疲れ、長井は食欲をなくしてしまった。あの二人が買ってくれた弁当の包みは、そのまま膝の上だ。食堂車もついている長距離列車であるが、長井は一度も飲み物を買いに行かなかった。糊で貼り付けたように一等の個室の隅から立ち上がらなかった。この様子はベルリンに着いた時も、あとから来る留学生たちが到着するたびに長井は薀蓄をかたむけて話をしたそうである。

そして待望の目的地ベルリンに到着した。

急いで行き先の紙を見せると、ポーターはうなずいてごろごろと車を引き出した。馬車に乗るほどではないという車引きの男の感じを読み取って安心した。

住所はベルンブルガー・シュトラーセ八番地だ。車の後についていく長井は、安心したのか朝から何も食べていない腹が急に鳴り出した。

シュトラーセ八番の家のベルを押した。ここが、本当に日本から頼りにして来た青木周蔵の住所だろうか、と心配しながら車から荷物をおろした。するとドアを開けてくれたのが、日本人であったので今度こそ大丈夫だとほっとした。

しかし目的の青木は留守だときかされて、またもや不安になった。

青木は今出張で一週間しなければ帰らないが、長井の事は承知しているからとにかく家の中に入れと言われた。

それは同宿とみられる北白川宮能久親王であった。北白川宮の夫人は明治天皇の第七女の房子で、ドイツに留学中であった。

長井の身元保証人の青木周蔵が北白川宮のベルリン滞在中の世話役だった。北白川宮は八年間ドイツに滞在し、ベルリンの社交界でもプリンス北白川として持て囃されていた。帰国後、日清戦争の近衛師団長として台湾に派遣されるが四十九歳で陣中にて病没した。

＊

長井は翌年一八七二年（明治五年）夏季学期から授業に出席した。最初の講義はヘルムホルツ教授の植物学から始まった。長井は少年時代から父琳章に連れられてお城に登城する道すがら草木の話を聞かされていたから、ドイツ語で植物の名前を言われてもすぐに日本名が浮かび、面白いように講義がわかってきた。洋の東西を問わず薬草の研究はどこの国でもさかんであると思った。

植物学から講義を受けたことは偶然ではあるが、長井にとって大きな起点となっていく。ベルリン大学に入学した最初に、植物学のブラウン教授と化学のホフマン教授の講義を受けたことは何か運命的なものを感じる。

ホフマン教授の化学実験は、長井にとって全く新しい世界だった。こんな実験は長崎でも見たこともないし、聞いたこともないというものだった。しかし、ここではいとも簡単に、学生の面前でホフマン教授が実験して見せてくれるのだった。助手のミリウス博士が、学生の手をとって実験を手伝ってくれる。長井だけではなく、他の学生達も目を見張ってミリウス博士の手元を見つめている。時には歓声をあげて未知の世界に入っていく学生達をホフマン先生とミリウス助手は温かく見守っていた。

長井は、医者になることを忘れて化学の世界にのめりこんでいく自分に、ふと父琳章の顔を思い出しては決断がにぶった。医者になるという名目で国費留学を認められた長井は、自分の意志で方向転換をすることは道義上できない。

長井は、石黒忠悳に相談した。石黒は冗談めかして、

「本来なら切腹ものだが医者も薬も人の病気を治すものだ。何とかしよう」

と言ってくれた。

長井は、日本を出るときに、荷物の中に古今集、日本外史、英訳独文典、英和英独辞典と共に日本刀を入れて来た。

何のために刀を持ってきたのか。日本の武士としての矜持なのか。いざという時には鞘を払って腹を切るつもりなのか、とにかく日本刀は長井のバックボーンではあった。

駐独代理公使の青木にも相談するが、青木もまた、

「医者も薬も病気を治すものじゃ」

と言って、資格変更を黙認してくれた。

長井と青木の交友はその後生涯続いていくこととなる。

こうして医学部から薬学部へと資格変更をした。

薬学部では、チーマン博士の共同研究者となって連名で論文を発表する。

チーマンは、丁字油の分析を命じた。丁字の中からとった残渣をとってみると、バニラの香りがしないでもない。バニラは料理や香水にも使われているが、合成には至っていない。長井はバニラの香りは合成できると思い、寝もやらず実験室にこもった。確かにバニラの香りがすると思い下宿へ持って帰り、同宿者に嗅がせてみたが、誰もこれがバニラの香りとはいえないと言った。しかし、そう思い込んでいる長井はどうしてもバニラの香りは合成できると思い、またもや実験室に籠った。そしてとうとうバニラの香りを作り出した。

チーマン博士は、よくやったねとほめた。これがどれだけ長井の励みになったかは、はかりしれない。

＊

一八七七年（明治十年）卒業論文を書き終えた直後、長井は体調を崩した。その不甲斐なさ

青木周蔵と娘ハナ

に意気消沈してしまった。いつも強気で押し通してきた長井にとって、これにはそうとう困った。大学へも行けないし、卒業論文の結末も気になるし、何やら憂うつな日が続いた。

と、そんなある日、ホフマン先生から呼び出しの手紙が来た。

「君もドイツ生活が長い。ドイツ人の気性もわかってきただろうから、この辺で一つドイツの女性と結婚を考えたらどうだろう」

教授は自分の体験から、独身で通す事はなにやら味気ないものだし、家庭の温かみを知る事は、男の人生には必要であることを力説した。

長井のドイツ滞在は既に十三年になっていた。

長井もいずれは家庭を持たなければならないと考えていたが、このままドイツに滞在していては結婚相手を日本から呼び寄せる事もできず、さりとて外国婦人を妻として迎え、日本へ連れ帰っても、あまりにも違う生活環境に同化できず、互いに不幸な結末になるのではないか、と頭の中はじりじりとして結論が出ない。長井は長井家を相続しなければならない立場にあった。父琳章は、はたして外国人の妻を連れて帰ったらどうなるか。勘当されるか、気絶するか、どのみち大変なことになると思った。

「そんなに簡単なものではありません。ドイツで東洋人を見るのはまだ珍しいでしょう。日本では外国人を見れば異人だ、メリケンだといって、遠巻きにして見るような状態です。私の両親の承諾を得るにも時間がかかります」

ホフマン教授は、

「貴方のような人にはドイツ婦人が似合うよ。ドイツの女性はどんな環境にも順応していくから大丈夫だ」と力説する。

「君には心に想う女性がいるのかね」

ときかれて長井は「いいえ、そんな人はまだいません」と言った。

それならば何とかしようとホフマン教授は思った。こんなときに里親のようなホルツェンドルフおばさんがいればよいのにと思ったが、彼女は七年前に亡くなっていた。

今はホフマン教授の紹介で、ラーガシュトレームおばさんと呼んでいる下宿の夫人のもとにいるが、この夫人もまた、日本人が大好きで多くの留学生に頼りにされた人物である。

ラーガシュトレームおばさんはのちに日本の政界・教育・医学の世界で活躍した人物を多くこの下宿から輩出している。石黒忠悳は子爵、佐藤進は男爵となっていくのだが、ラーガシュトレームおばさんは我が子の成長を見る想いで日本の青年達を見守っていた。彼女が九十歳の長寿を全うする間にも功成り名を遂げたかつての日本人留学生が後年ベルリンへ出張の時には必ずラーガシュトレーム夫人を訪ねたという。

ホフマン教授は密かにあるドイツ娘を長井に会わせてみようと思っていた。

たまたまギーセン大学でリービッヒ教授の銅像の除幕式が行われるというので、ホフマン教授夫妻、長井、ラーガシュトレーム夫人と四人で出席する事にした。

そうしてラーガシュトレーム夫人とホフマン教授は一計をめぐらし、長井とテレーゼは出会ったのである。

Ⅱ　テレーゼ・シューマッハ

リービッヒ教授像の除幕式からの帰路、長井はラーガシュトレームおばさんとフランクフルトに立ち寄る。

ナッサウエルホーフというホテルは、ちょうど新築したばかりのホテルで、現在のフランクフルトの中心部からはずっと離れて、ライン河の船着き場となっている。百二十年前のこのホテルは、今もそのままに営業しているが、これを長井が新築の瀟洒なホテルと思ったというのだから百年の年月はやはり遠いものである。高層建築と教会の一見アンバランスな景観は、その場にしばらく立って見ていると、不思議と近代と歴史が調和して、一種の安らぎさえ感じられる。今にして見れば、このライン河の船着き場は、まさに長井長義とテレーゼ・シューマッハの船路の出発点となった。

テレーゼは偶然にも同じ日に投宿したという。何やら曰くありげであるが、主人公の長井は知るよしもない。

長井はホテルで彼女を見かける事になる。

そしてラーガシュトレームおばさんに、

「可愛らしいお嬢さんですね」

と言い、あの人と話をしても良いですかと聞くと、

「貴方は近々日本へ帰るのでしょう。今ドイツ娘と交際を始めても意味がないでしょう」

とにべもなくたしなめられた。おばさんはなかなかの役者になって生き生きと演技した。

無論、これで長井長義が「ああそうですね。全くですね」と引き下がっては、ラーガシュトレームおばさんは困るのだ。

「そんなに性急に言うものではありませんよ。まだ明日があるでしょう」

次の朝、長井は「お嬢さんに直接声を掛けるのが失礼ならば、せめて母上のほうと親しくなってくださいよ」と頼みこんだ。

食堂では四人が座れるように、テーブルに朝食の用意がしてある。

長井は喜んで着席したが、何を話してよいかわからない。目の前に蜂蜜の瓶があった。
「蜂蜜はお嫌いですか」
と瓶に手をかけながら、第一声をかけた。この会話は今も長井家の語り草になっている。あどけない娘が蜂蜜を手にとったかどうかわからないが、それが始まりで二人は話をするようになった。

娘の名前はテレーゼ・シューマッハ。この時、二十四歳。長井とは十七歳違い。シューマッハ家はフランクフルトからライン河を下ってコブレンツを過ぎたところにあるアンダーナッハという町の旧家で、ライン河に沿って石材と木材を運搬するだけでなく、山から石材や木材を切り出すことを生業としている。物静かな人だという印象を受けたが、それは、誰でも初対面の異性の前では当然な事である。上品な優しさの中に、一人異国へ嫁入りしていく強い意志がかくされていたのだが、それは、ずっとあとになって少しずつ芽生えていく。そして長井家の繁栄の基にもなって、長井テレーゼは強く生きる。

そんなテレーゼも長井との出会いには、なぜか胸のときめきを素直に受け止めて、彼を東洋の異人としてではなく、ベルリン大学のプロフェッサーとしての大きな姿を見てとった。ラーゲシュトレームおばさんは、またまた粋なはからいをしてくれた。

朝食後散歩に出た長井長義は、街の中でばったりテレーゼに会う。

「今晩は何処かへおでかけですか」

と聞くと、予定はないという。

「ではご一緒にいかがでしょう」

と長井長義は言った。これもまたラーゲシュトレームおばさんの演出だ。オペラの切符をちゃんと四枚買ってあったのだ。

その夜、四人はフランクフルトのオペラハウスで楽しかったと話し合ったが、長井長義は隣にいるテレーゼの横顔ばかり見ていたし、テレーゼは、長井長義の視線を受けて面映い思いであった。

後に長井長義は、何のオペラだったのかと人に訊かれても、

「おぼえていませんねえ」と言っては笑われたという。

オペラを見た翌日、シューマッハ母子はウイスバーデンへ発った。長井長義は、このまま別れてしまってはせっかくのチャンスを逃してしまう。何か良い口実はないかとラーゲシュトレームおばさんに話を持ちかけるのだったが、おばさんは、

「もうベルリンに帰る予定の日でもあり汽車の切符の期限もあるでしょう」

と冷たい。

石材商のシューマッハ家の石材がどんどんとシュラーゲンバーグに輸送されて、そのピッチ

はライン河にしぶきを立たせている。ホテルの新築資材を一手に請け負っているシューマッハ家の活気を表しているようだった。

長井は馬車で追うか、ライン河を船で下ろうかと迷ったが、いずれにせよアンダーナッハに行ってみようと決めた。長井はライン河の船着場に行ってみた。船はまだ河岸につながれていて、出発はまだのようだった。船上を見ると、シューマッハ夫人らしき人を見つけた。急ぎ乗船すると、やはりシューマッハ母娘であった。

長井が、テレーゼの影を追い求めて右往左往していたとは知らず、母娘は、「まあ何と偶然な事でしょう」と奇遇を喜び、「どうぞアンダーナッハの我が家においで下さい」と誘った。

長井はそこでハタと自分の服装をかえりみた。

コブレンツの町で長井は服屋に飛び込んで背広を合わせてもらい、下着も買いととのえた。すがすがしい気分で一夜明けると、また船に乗って川を下り、アンダーナッハに向かった。船着場にはテレーゼの兄が迎えに来ていた。

テレーゼは茶色の髪を編んでいてまだ少女じみた幼い風情である。くぼんだ目の奥には髪と同じ色の瞳が光っている。小さい口もとは、しっかりとして理知的ではあるが、決して冷たいものではない。テレーゼは年老いても、洞察力のある瞳も美しい理知的な唇も変わらなかった。こんなに美しいドイツのお嬢さんと結婚できたらすばらしいと思いながら、テレーゼの兄マシ

テレーゼ・シューマッハ

アスと握手した。

　のちにこの兄はテレーゼに、「お前様はうまく支那人を釣ったもんだね」と冷やかした。日本人も支那人も東洋系の人間にはみな等しくチャイニーズと表現するのは無理からぬ事である。この時点では、東洋の小さき紳士がベルリン大学の錚々たる学者のひとりであることは知らない。まして、のちに世界的な化学・薬学の始祖として、日本人の誇りを高める人物になるとは想像できようはずもなかった。

　プロフェッサーという地位は我々日本人が思っている以上に諸外国では尊敬され、社会的地位も高い。兄マシアスにしてみれば「石切り場の娘が大学教授夫人になる」ということの喜びと驚きが「よく釣った」という言葉にあらわれたのだ。日本で言えば「玉の輿」というのだろう。

　しかし、この冷やかしの言葉にテレーゼはかんかんになって怒ったという。きっと、透き通るような肌を高潮させて、兄マシアスに「失礼な」と怒ったのであろう。

Ⅲ　エフェドリン発見

一八八五年（明治十八年）七月、エフェドリンを発見。

長井長義は、ここに世界的薬学者として永久にその名が刻まれた。エフェドリンといえば、現在では気管支喘息の治療薬として知られている。

一時帰国した長井を待っていたものは、長井に寄せる絶大な信頼と東京大学教授をはじめとする数々の要職であった。

大日本製薬会社の設立に参加を要請される
東京大学教授
理学部の化学科で化学担任
医学部で薬化学を専任
文部省諮詢総会の会合に推挙
内閣省御用係兼務

衛生局東京試験所長
中央衛生会委員
叙勲　正六位

ドイツ婦人と結婚する事に父琳章の許可を得る事ができた長井は、心も軽くドイツへ帰って行った。

ホフマン教授は熱心に長井の話を聞いた。

「次はテレーゼだね」

と長井を見た。日本ではドイツ婦人と結婚する事に大きな抵抗がなかったことも報告した。

ホフマン教授は、長井とテレーゼの年齢が開いている事は何ら結婚生活の障害になるものではないと言い、

「私達夫婦を見てごらん。こんなに円満にやっているんだよ」と三十歳も若い夫人を自慢しているのだ。

東京大学の教授という名誉ある職を持って生活の目途もたった長井はアンダーナッハのシューマッハ家に正式に結婚の申し込みをした。

日本に帰る日程もあり、シューマッハ家は急ぎ婚礼の支度を始めた。地方の名士であるマシアス・シューマッハは妹がプロフェッサーと結婚するのだと厳粛な気持ちで二人のためにふさわしい盛大な結婚式を計画した。

その日の結婚式は語り草になっている。シューマッハ家から式場の教会まで約百メートルの道には、レッドカーペットが敷かれた。これには町中が度肝を抜かれた。実際にその行程を歩いてみると、なぜか静々と歩いていくテレーゼの姿を想像してしまった。ドイツ民族の衣装に身を固めた参列者に重々しい尊厳さえ感じる。

結婚式を挙げたドイツ・アンダーナッハ教会

プロフェッサーと言えばドイツでは最高の地位である。一族の中から大学教授が生まれるということは、大きな誇りとなるのだ。

かつてテレーゼの兄は冗談に「よく釣ったね」と言って妹をかんかんに怒らせたが、今度はいよいよ我が妹が大学教授夫人になるのかと想像して「よく釣った」とあらためて嘆息した。

一八八六年七月、結婚と同時に二人は日本へと旅立つ。

Ⅳ　内助のハイライト

ウィーンの大学に行った時には長井は二百名もの女子学生を見た。そのうち二十名は化学専攻である。長井は日本の女子教育の現状とあまりにもかけ離れた外国の教育意識の高さに圧倒された。

帰国後長井は、在籍していた東京大学を退職しても良いから日本に女子の大学またはそれに準ずる高等教育の機関を設けるべきだと、早速実行に移すことになる。

一九〇一年（明治三十四年）大隈重信伯爵を創立委員長として日本最初の女子高等教育機関

「日本女子大学校」が東京の目白台に誕生した。

近衛篤麿公爵、西園寺公望公、蜂須賀茂韶侯、渋沢栄一男爵、岩崎彌之輔男爵、三井三郎助、森村市左衛門男爵等が名を連ねている創立委員の顔ぶれは、正に明治政財界の大物たちだ。

委員会により、家政学部の中に家庭化学、生理学、衛生学を設けた。かつて女性に化学、薬学、医学を啓蒙する国家的教育方針が皆無に等しい状態を長井は深く憂いていた。

創立六年目にして日本女子大学内に「香雪化学館」を創設する。寄付者は時の実業家藤田伝三郎である。

長井は学生達にも厳しい注文をつけた。

　　ガスや薬品を浪費してはならない。浪費したものは三銭を納めること
　　実験する場所は常に清潔を保つ事。その違反者は二銭を納めること
　　有害なガスを室内に飛散した者は五銭を納めること

長井教授らしいエピソードである。

長井がドイツ式の研究室を作ることに執着し、その要望を受け入れてくれた委員会に対しても彼の信念を貫こうとしたのだ。日本の女性にも広く門戸を開いて男性と同じ教育をすればその能力を引き出すことができると確信していた。

長井はかつてベルリン大学、ウィーン大学の構内を長いスカートをひるがえしながら、潑剌と歩く女子学生を見た日を思い出していた。日本にもきっと男女平等の教育が行われる日が来ることを念願していた。良き国民は良き母によって育つ。

後にテレーゼは子供達に時として手強い母であったが、料理、裁縫、編物の腕は抜群で、しばしば社交界の話題になった。日本女子大学では、家政学部でテレーゼに外国料理を教えるように懇望した。食材の栄養価を調べその用途もていねいに教える。テーブルマナーも実演してみせては一人一人に手をとって教えた。文明国たらんとするならば、第一に礼儀作法を身につけねばならぬ、と長井自ら実行していた。時には窮屈ではあったが、外国での洗練されたユーモアで皆一息する。

一方長井は、東大の教室では男子生徒たちに、

「あんた方も教養あるなしは交際をすればすぐにわかる。結婚する時は、終生をともにするという一大決心をもってやりなさい。そうすればきっと君達の願いは達せられる。私はホフマン先生がドイツ婦人を妻にもてと勧めてくださったことに感謝している。先生のご恩に報いる

ために私は今堅実と理知と愛のある日本婦人をつくりたいと思っている。そういうわけで私は日本女子大学で教えているようなわけである」とおのろけともつかない話をしたという。謹厳居士と思われていた長井にも時には青春の思い出を話す事もあるのだ。

テレーゼとの出会いを語ったあとに、もう一人の女性の話がおまけにつく。

その佳人には恋でもなく、友情でもない一種のあこがれと尊敬をもっていた。それは、ベルリン・オペラハウスで見た「ローエングリーン」のプリマドンナ・ローラーベート嬢である。

「エルザ」を演じたローラーベートの美しい姿と美しい声と見事な演技に、まさに雷に打たれたような衝撃を受けた。阿波徳島の人形浄瑠璃の中で育ってきた長井が西洋音楽に衝撃を受けるのは当然だ。人が歌いながら舞台をくまなく歩き回る、そのエネルギーにも感心した。そしてブロマイドも集めてはファンの心境を楽しんでいた。自分にもし女の子が生まれたら「エルザ」という名前をつけようとさえ思い、そして実際、長女に名づけたのだ。

長井の古い青春の思い出は、こうして時には復活して晩年まで好んで語られ、八十歳の翁の心をあたためる。

テレーゼは東京の雙葉学園に長く相談役として所属していた。その雙葉学園の五十周年誌をひもといてみよう。それによると、雙葉会という名称と紋章は長井と後援者たちの長い討論の結果、紋章は葵の葉が良いだろうということになった。そこで長井は、植物に精通している学者として次のように提案した。

葵は一本の茎の先に二枚の葉がついている。それに長い間徳川幕府の庇護を受けて来た大名や上層武士達のセンチメンタルな懐古趣味にもつながる。

日本と西洋が一本の茎から二つの葉をつけるようにという願いを込めて雙葉と命名した。

後援者を列記してみる。

鍋島侯爵夫人
西郷侯爵夫人
前田侯爵夫人
戸田伯爵夫人
田中子爵夫人
香川子爵夫人
青木子爵夫人
校長　帝国大学教授　長井長義博士

銀婚式の頃の夫妻

幹事　野辺地理安
フランス語　マダム・セン・ヘレン

いわゆる上流家庭の子女達をここから送り出そうというものである。

母体であるサン・モール修道院からマチルド修道女達も参加し、国際色の濃い学園となっていく。

近くの華族女学校の生徒達も雙葉学園に随時入学してくるようになった。

テレーゼは生き生きと雙葉学園でドイツ語を教え、ヨーロッパの風習を日本と比較しながらていねいな授業をした。本来が几帳面なテレーゼの性格は、全くこういう環境に適した人物だったと言える。そのようなテレーゼの姿を見て、長井は懐古する。かつて初々しい可憐な二十四歳の花嫁を東洋の小さな島国に連れてきた当初は想像もできなかった。長井は、一つの茎から二つの葉を立派にひろげた雙葉のようなテレーゼを深い愛情をもって見ていた。

長井のもう一つの念願は、官立の薬学専門学校の創立にある。

薬の原点である漢薬の総本山と言われている富山薬専が文部省直轄のいわゆる国立になったのは、一九二二年（大正十一年）五月十日である。

富山薬専の長い歴史には、日本薬学会の根強い運動と後援があったが、歴代の校長達のまさに身命をかけたと評価された文部省への陳述があった。長井は、富山薬専の指導者達の善意をいたく感じ全面的に援助した。

あるエピソードがある。

富山には大雪でその上強い風が吹いていた。「東京から長井博士はこられないだろう」と富山の人達はあきらめていた。しかし長井は親友丹波教授等総勢六人の薬学者達を連れて出席した。関係者は長井の律儀さに感激した。時に長井は七十七歳の高齢であった。

何度も出張した富山に長井はテレーゼを同伴している。外国人を見慣れていない地方では大変に珍しがられたが、テレーゼの優雅な姿に感じ入ったという。

全国薬業大会には必ず出席する長井は、決して大名旅行はしなかった。広大な青山の邸宅では贅を尽くしたものだが、公のことには質素倹約を実行している。そんなことで富山の人たちは長井に親しみを持っていた。

一九二二年（大正十一年）十一月十七日東京駅に降り立ったアルバルト・アインシュタイン博士とエルス夫人はまさに日本の朝野の大歓迎を受けた。アインシュタイン博士は米国において「相対性理論」を確立させた物理学者であることは周知の事である。

東京駅には長井夫妻はもとより山本実彦も夫人同伴でホームに出迎えた。十日間の滞日ではあったが、その間には学士院主催の歓迎会をはじめ精力的に出席をした。

長井はアインシュタインがドイツ生まれであるので、テレーゼを夫妻の通訳として心を配った。アインシュタインは、酒も飲まず食べるものも豪華なものは好まず終始簡素なものであった。服装も頓着なく、博士のトレードマークは茫々とした頭髪であった。赤坂離宮において貞明皇后の茶会に招待された時も、いつものようなありのままのアインシュタインであったが、さすがエルス夫人はエレガントな黒いドレスを着用した。十日間の日本滞在中、テレーゼは生き生きとしてドイツ語を駆使した。彼女にとっても生涯の有終の美であった。

一九二三年（大正十二年）関東地方を襲った大地震によって、恩田重信の創立した明治薬専の全建物は消失した。恩田の落胆は見るに忍びないものだった。もうこれまでだとあきらめたが、まさに救世主とも呼べる人が現れた。軽井沢に避暑中であった長井邸にも東京の被害がぞくぞく知らされてきた。薬学関係者の消息を聞き知った長井は急遽東京へ向かった。長井は恩田を救うために強い言葉で激励した。「財産や名声の損失は取り返しがつくが、勇気を失ったら万事休す！」というドイツのことわざを交えながら何度も恩田を激励した。この言葉は明治薬専のバックボーンとさえなっていく。長井は言葉だけの激励ばかりではなく、明治薬専復興資金の調達に奔走する。長井はテレーゼ夫人同伴で各界の名士、経済界の人々を訪問して復興資金の調達に飛び廻ったのだ。後にきくと、このことは長井の要請ではなく、テレーゼの自発

左からテレーゼ、アインシュタイン、右端アインシュタイン夫人
後ろに立っているのが長井

的な協力だった。ドイツでの教会生活の「ボランティア」の習慣をすんなりと実行しただけなのだ。テレーゼには何の気負いもなく、夫長井について焦土の東京と関西の薬学界に寄付を懇望して歩いた。恩田は生涯、長井夫妻に恩義を感じていた。こうして明治薬専は復活したのだ。長井は全く義侠の人である。

また「内助の功」をもって自認する日本妻達のお株を奪ったテレーゼは「外助の妻」の先駆者として名乗りをあげた。時として雄々しく夫のため、家庭のために立ち上がる強い妻を演じる欧米の女性の雄々しさを見せつけた。洗練された社交術も、日本の女性達の目を見張らせた。

テレーゼはこの日から一年ののちに軽井

沢の別荘にて他界する。

長男アレキサンダー（亜歴山）の語るところによると、家庭内ではドイツ語以外は一切使ってはならない。兄弟同士でも手紙のやり取りもすべてドイツ語である。家を建てるのもドイツ式、アメリカ式にするべく大きな散財をした。母テレーゼはそのために家計が苦しくなったと言っていた。

宗教の問題にしてもなかなか硬いところがあって他人のすすめには応じなかったが、テレーゼと結婚してからはカトリックに帰依した。

孫の長井貞義氏が追憶するに、

「祖母は先進国ドイツからはるばるお嫁に来たわけで、その頃日本にはパンも牛乳も売っていない、肉もろくにないという状況でしたから、祖父は気を遣ったのでしょう。家では祖母の地位がトップで一番偉かったようで子供達も父親より母親を尊敬していたと思います。その祖母が日本の教育勅語をこれほど良い経典はないという考えをもっていましたから、我が家はドイツ風の合理的なものと東洋の儒教的なものが入り混じっていました。祖母は日本語が下手で家の中はドイツ語でした。はたから見れば奇妙な家庭だったかもしれません。

明治の頃、青山農園がありまして祖母はそこでわが国で初めてチーズを作ったということです」

と語った。

長男アレキサンダーは東京大学法学部を卒業後、目賀田多計代と結婚。ドイツに転勤。多計代は勝海舟の娘、逸の娘である。なかなかにきびしい人であったという評判だった。

次男ウイリー（維理）は東京大学化学科卒後、文部省に勤務。第二次大戦中英国で発見されたペニシリンについて、ドイツはその製法を日本に知らせるべく文献を潜水艦で横浜港に届けた。その記事を最初に受け取って日本語に訳したのが維理であった。なお彼は東大オーケストラ部の指揮者であったから、日本薬学会百年記念式典（一九八〇）の時、東大オーケストラによって記念演奏が行われた。

長井家の三代目、貞義は祖父、父の意志を継いで東京は青山に膨大な土地を寄付し、そこに日本薬学会長井記念館の建設を完成させた。今日にその威容を誇っている。

記念館にはテレーゼ夫人を偲んだ「レストラン・テレーゼ」がある。

先年、日本薬学会創立百年記念の際、天皇陛下のご臨席を仰ぎ、そのお言葉の中で今日の日本薬学会の発展は創立者長井長義博士の功績が大なるものであると称えられた。

長井長義三代にわたる功績は長く薬学界に語り継がれている。

アンダーナッハのシューマッハ家には庭の一角に竹に囲まれた小さい池をしつらえてテレーゼ長井の記念碑がある。

テレーゼ魂は天駆けてアンダーナッハの石材で築かれた生家に戻った。

背後に流れる永遠のライン川と共に歴史は流れていく。

前述したが、長井がドイツ留学時代に寄宿していた青木周蔵について少し触れておきたい。

長井のドイツ生活の身元引受人であった青木周蔵は公使としてドイツ大使館を開設した人物である。さらにオーストリアの公使も兼任する。青木が連邦留学生総代の時。岩倉具視を大使、木戸孝充、大久保利通を副使として遣米欧使節団が組織され日本を出航した。青木は一行がロンドンに到着する日に合わせて品川弥次郎とロンドンに着く。このあとすぐ青木は外務一等書記官心得に任官していたが、この頃から木戸の要望により、ドイツの憲法について研究を始める。「憲法制定理由書」は後に明治政府の憲法の土台となる。

この頃、青木はドイツ人のある令嬢との結婚話が進行中であった。その人の名はエリザベート・フォン・ラーデと言い、プロシアの貴族であるブランデンバーグ家一統を築いてきた。当初は東洋の小国の外交官に難色を示していたフォン・ラーデ家であるが、当時のカイザー皇帝から賛成を得、二人の結婚は成立した。

青木は何もかもドイツ一辺倒で有名な人物で、結婚だけは日本人だろうと予想していたベルリン在住の日本人は、エリザベートと結婚したと聞いて「とうとうやった」と感心した。

青木は長井に、

長男アレキサンダー　長女エルザ　次男維理

「ドイツ婦人はまんざらでもないよ。これからドイツとの関係はどんどん濃くなっていくだろう。私の結婚は成功したと思う」

そして、テレーゼは良いお嬢さんだとしきりに結婚を勧めた。

青木と長井の交友は生涯続いていくが、全く二人の対照的な性格と対照的な職業がむしろ彼らの友情を長続きさせる理由となった。

青木は清濁併せ呑む政治家で豪傑である。長井はまさに謹厳居士の代表であるような一徹さで生涯を貫いていく。

青木周蔵はアメリカ大使を最後に政界から引退した。長井長義との友情は一生続いた。

鈴木大拙とベアトリス・レイン

鈴木大拙

Daisetsu Suzuki

1870年-1966年。石川県金沢市生まれ。仏教学者。1921年に大谷大学教授に就任。同大学内に東方仏教徒協会を設立し、英文雑誌『イースタン・ブディスト』を創刊。「禅」についての著作を英語で著し、禅文化や仏教文化を海外に広くしらしめた。

ベアトリス・レイン

Beatrice Lane

1878年-1939年。釈宗演の元を訪れて禅について研究していた。1911年に鈴木大拙と結婚。

I　ベアトリス、日本へ

ベアトリス・アースキン・レインは、鈴木大拙がアメリカで知り合った女性だ。

一九〇五年末に二人は出会い、一九〇六年四月八日ニューヨークのベータンタ教会で講演した釈宗演《しゃくそうえん》の通訳をした大拙にベアトリスは深い感銘を受けた。彼女が初めて知った東洋の哲学である宗教学者に出会った運命的な一事だ。

ベアトリスの母はスコットランドの貴族アースキン家の娘、エマ・アースキン。エマはアメリカの外交官トーマス・J・レインと結婚し、外国に住む。このエマ夫人は伝統的な貴族の血統を受け継いでいるのか、見識と実行力はエマの一生を支配していく。しかし、これらの精神的な行動は時として自分を重圧の中に閉じ込めることもある。一人娘のベアトリスの教育においても少女であるベアトリスを一人フランスの聖心女学院に送り込み、エマは満足したが、ベアトリスはやがてそこを出てしまう。

この頃からベアトリスの心の中に何かに対する反逆の心が起こる。

ニューヨークに留学したベアトリスはヨーロッパの重々しい権威に満ちた空気から抜け出した。子供の頃から強制された宗教の中に息苦しさを感じていたベアトリスは、かつて無い東洋の静謐な思想にすっかり魅せられた。

一足早く日本へ戻った大拙は二年後にベアトリスを日本へ迎えて横浜アメリカ合衆国領事館で結婚した。大拙四十一歳、ベアトリス三十三歳。

当時の日本では異例である。反対する人があって当然であった。

しかし、二人は批判が起こり得るものだと当然に受け止めた。

どれほど大拙の英語力があるにしても、イギリスとアメリカの空気を吸って育った三十三歳の成熟した女性といかに暮らすのか。周囲は好奇の目を向けたが、世にも不思議な夫婦は三十年の長きにわたって共に歩んでいく。やはり二人はどこかで信仰の一致をみていたのだろう。

日本に来たベアトリスは大拙の勧めで大谷大学で英語を教えることになる。

大拙は学習院で十年間の教鞭をとった後に大谷大学に移った。

後に大拙・ベアトリスの共著で大乗仏教を主題とした著書を出版する。

これに意を得たベアトリスは単独で神と大乗仏教に向かって霊的な深淵を増していく。

*

鈴木大拙は哲学者であり宗教学者である、一見近寄り難いお人であるが、そのまわりにはど

ベアトリス

うしたわけか多く女性の姿がある。「おこのさん」という家政婦的な女性も同じ屋根の下で暮らすのだが、一見異様に見える三人の共同生活を、それぞれが認めていたのは不思議な事である。

おこのさんは教養高きベアトリスとは正反対で、文盲に近く、新潟の田舎から鈴木家に女中として働きに来ていた。しかし、いわゆる下働きの女中というよりも鈴木家の支配人的な立場であった。また、西洋の女性は自己主張が強いが、おこのさんもかなり強い女性だった。

おこのさんとは、ベアトリスと同年配であるが、なぜか鈴木家の母親的な地位にある。おこのさんに鈴木家の主権を握られているベアトリスは研ぎ澄まされた宗教的な精神になんらかの汚点がつかなかったのだろうか。それとも面倒なことは「おこのにまかす」というつもりだったのかもしれない。

鈴木家に出入りしている人達はこのおかしな三人の関係に驚嘆している。

ベアトリスのカタコトの日本語（これは三十年間）と英語、おこのさんの新潟弁。気の強い二人にまくし立てられた大拙は「うんうん、そうか」と返事をして二人を収めていたのであろうか。

八方やぶれのおこのさんの献身というか、家政の実力者という安心というのか、はたまた優越感は時として大拙に対する過剰な世話がはたして妻ベアトリスに嫉妬を感じさせなかっただ

ベアトリスとおこのさん

ろうか。

筆者は取材の中で、大拙・ベアトリス夫妻の生前を共に歩いてきた楠恭氏に面会するために鎌倉を訪ねた。

楠氏はちょうどＮＨＫで「妙好人を語る」という番組を連続放送されている時であった。初めてお会いしたにもかかわらず、大拙・ベアトリスの生前のお話をあつかましくもいろいろ聞かせていただいた。

楠氏は長い間大拙に師事し、鈴木家の日常の様子も見てこられた。

ある時、家族や知人が鈴木家に集まって会食をした。楠氏も同席していた。

大拙がご飯をこぼすとおこのさんはさっと拾って自分の口に入れる。ある時大拙がお椀の汁を残した。おこのさんはそれをずるっとのんでしまったそうな。母親が子供の食事の世話をするのと同じである。大拙もベアトリスも何も気に留めなかったそうだ。

そんな話を楠氏から聞いて二人で不思議ですねと笑った。

大拙はベアトリスに対してできない甘えを自然のままにおこのさんに向けていたのだろう。おこのさんのほうも「先生、先生」と言いながら大拙の庇護を求めていたのだ。

ベアトリスは何事も起きない、何事も起こさない、動かない空気の中でただひたすらに「佛」の世界に入りつつあった。

Ⅱ　高野山にて

こうした中でベアトリスは高野山に何回も登った。

日本語がよくわからないベアトリスがもっとも難解とされる佛典を研究し、英語、ドイツ語で仏教書を出版する事は大変な事だ。

ベアトリスのフランス語、ドイツ語は幼少の頃にヨーロッパで習得したが成人してからはどうであったか。筆者はそれを知るために一九九九年十月二十六日、奈良の大安寺貫主河野清晃師を訪ねた。

「これをよく読みなさい」

と言って手に渡されたのは、『南都清晃九十五歳』と、墨筆で署名をされた南都大安寺論叢という厚さ四センチの本だった。ずっしりという重さだ。

「聖武天皇、詔を降し、律師道慈に預け、平域に遷し造らしめ、大安寺と号す」とある。

紀元七〇一年の成立である。

河野貫主は、

「今、貴女は聖徳太子のお建てになった大安寺にいるんですよ。ベアトリスもこうやって座っていたよ」

と、九十五歳とは思えないつやつやとしたお顔で声も大きくしっかりしたお話しぶりである。

ベアトリスは高野山に登る前に必ず大安寺に足を休めに寄ったという。

筆者は、

「日本語もよくわからないのによく経典を翻訳できましたね」

とたずねると貫主様は高野山には英語もドイツ語もできる僧たちがいるよとおっしゃった。

河野貫主は私が座を辞する時、

「飯沼さんもベアトリスみたいだね」

「どうしてですか」

「いや、アメリカ人みたいだよ」

五十年もアメリカにいると何かしらアメリカ的な匂いがするのだろうか。奥様が名物の笹ずしをごちそうしてくださった。

「ここに着たら必ずこの笹ずしを食べて帰ってもらう事にしているよ」

その時、

「お茶はいいものだね。この間茶会に行ってきた」

「私も裏千家のお茶を長いことしております。アメリカ人六人もお稽古に来ています」

その中からベアトリスが出てくるかなぁとつぶやいた。

心身共に満たされて大安寺の山門をくぐりぬけて帰途に着いた。

ちょうど一年を過ぎた二〇〇〇年の秋、もう一度大安寺を訪れた。去年と一つも変わらず、

「少しはベアトリスのことがわかったかね」

「少しばかりですが」

「そうか。では、ベアトリスの宿泊した寺に一泊して帰りなさい。今すぐ、高野山に電話をしてあげるよ」

と、その時に、ベアトリスはふとんを十枚重ねて寝たという逸話をうかがった。

翌日奈良から高野山に登った。

電車の窓から山を越え谷を見ながら、昔の修行僧はどんな方法で登ったのであろうかと車窓から来る霊気をじわじわと感じた。

ベアトリスが高野山に初めて登山したのは、一九一八年（大正七年）九月八日、鈴木大拙と共にである。以降は、

第二回昭和二年（一九二七）　八月十九日　ベアトリス　天徳院

第三回昭和三年（一九二八）　ベアトリス　西南院
第四回昭和四年（一九二九）　ベアトリス　西南院
第五回昭和五年（一九三〇）　鈴木大拙師ロンドン世界宗教者大会出席、ベアトリス先生英文高野山案内出版協力
第六回昭和六年（一九三一）　ベアトリス　西南院
第七回昭和七年（一九三二）　ベアトリス　西南院
第八回昭和八年（一九三三）　ベアトリス　光台院

ほとんど毎年高野山に登った。

その間ドイツのマタイセン夫人と共に東寺管長松永昇道猊下より吉祥教授、寿岳文章（英・独語）の協力によって勧智院にて入壇する。

このようにベアトリスは佛教を外国に発信し、その功績は大谷大学ばかりではなく広く世界に紹介された。

ベアトリスは弘法大師の崇拝者で、高野山に登ることを最大の生き甲斐としていた。河野清晃師はまたベアトリスの不殺生の教え通り鎌倉より京都大谷大学へ転勤の時庭の植木を京都へ

雲水姿のベアトリス　大正半ば頃

移植したいが手入れは一切厳禁である。この松の姿で京都へもって行くと言った。「戦争は絶対行ってはいけない」という事を誰にも言った。

また絶対の精進料理（魚肉厳禁）を守った。ベアトリスが病気になった時、大拙はスープでもと言っても一切口にしなかった。入院も拒んだ。高野山の西南院が特に気に入りそこで宿泊したいと言った時、関口僧正は暖かい心を持って理解したがそこにはベッドがなかった。ベアトリスはベッドのかわりに布団十枚を重ねて寝たという。

京都から鎌倉へ帰る時には特別の車を手配して犬たちを運んだ。その費用は二円五十銭だったという。

こうしたベアトリスの一見独善的、強硬論は大拙にとって別に苦痛ではないらしい。おこのさんもまた、何の不服もなく女主人の言うとおりにさせた。

ベアトリスは家政を一切おこのにまかせ、大拙と共に真言密教の研究と普及に身を呈していく。これが同行行脚というものだろうか。

二人は大乗佛教を主題にした英文雑誌を創刊した。

大谷大学の哲学者上田閑照師は、

「この出版により禅と大乗佛教への画期的な道を世界に開いた。この出版により大拙とベアトリスの〈宿縁の因縁〉がまさに時を同じくして世界精神史・霊性史的意義を帯びた」

と表現されている。

なぜ、ベアトリスは真言密教に没入していったのであろうか。

彼女は生来ものごとに自分流の決着をつける性格であった。少女時代から一途に思い込む性格が鈴木大拙に出会ってさらに強く表れていったのだろうか。

Ⅲ　母エマ

ベアトリス、おこのさんの他に大拙にとってもう一人の女性の存在もまた面白い。

それはベアトリスの母エマ・アースキン・レインである。彼女は夫トーマスの没後、娘をたよって日本にやって来た。エマは動物愛護の運動に携わる。エマは夫トーマスが医者であったから生命について日常から目にし、耳にすることが多い。命あるものへの哀惜はトーマスの他界を機にエマの心を占める。後にベアトリスはエマの影響から鎌倉に動物愛護慈悲園を開く事になる。が、それは異常とも思える動物愛護に発展してしまう。

捨て犬、捨て猫七、八匹を家に連れて帰り、世話をする。さらに虫一匹殺さなかったという。

彼女らは蚊が血を吸っても叩かなかったそうだ。

動物も人間と同じく天寿を全うするまで生きるべきであり、まして虐待など蟻一匹にでも与えてはならないというものであった。

周囲のものはどうであったか。大拙にしてもおこのにしても「はい、左様でございますか」と従っていたのである。さもなければとうてい一つ屋根の下には暮らせない。

ベアトリス・おこの・エマという女人の館に住む大拙はその中で如何に暮らしたのであろうか。淡々としたものか、状況を観察していたものか、白でもなく黒でもなく「我は我」であったのか。その心理は何処を浮遊していたのか。いずれにしろ鈴木家には波風は立たなかった。

エマは娘とおこのに看取られて一九二七年満日十一年の晩年を終えた。

大拙の故郷金沢市の野田山に埋葬された。

*

大拙と俳人の荻原井泉水《せいせんすい》は友人である。井泉水は「地は寂光のまんだらとなり月高し」と、大拙に寄せたのかベアトリスに寄せたのかは知る由も無いが、二人の境地を言い得た句がある。

筆者の部屋の壁に井泉水直筆の色紙がある。筆者が井泉水の信奉者である友人から頂戴したものである。

雀二羽で鳴く
三羽で鳴く
ひとりで鳴く

ベアトリスの母エマ

芙蓉の墨絵が色紙をうっすらとにじませている。これはまさに大拙、ベアトリス、おこのの生活を詠んでいるように思えた。しかし最後はベアトリス一人で鳴くと筆者はそう解釈した。

大拙の生活を取り巻いたベアトリス、おこの、エマに次いでアメリカ生まれの可憐な少女がここで登場する。

「鈴木大拙をめぐる四人の女人」とはいささか意

味深長な気配を感じるが、これまた実に澄み切った関係で世にも不思議なものである。

その人は岡村美穂子さんという。

日米戦争の中、十一万人とも言われる在米日系人が全米の僻地にある敵国人強制収容所と称するところに収容された。美穂子さんはカリフォルニア州のマンザナ収容所に両親の岡村正雄、としみさんと共に収容所で過ごした。青春真っ只中の美穂子さんは、収容所において何を考えていたのだろう。国家間の強烈な戦いの中に三年余も監禁状態で暮らしたわけであるから、その精神的ダメージは並大抵のものではなかったろう。

日本敗戦と共に全米に散った日系人収容所から帰還を許されて、それぞれが第二のスタートを切った。

そんな時、

「ハワイの大学教授である日本人の哲学博士がコロンビア大学で講義するから行ってみなさい」

と西本願寺の開教師に勧められた。

「そんなに偉い人が来るなら一目見てやろう。どうせ難しい話に決まっているだろう」

と、反抗期の少女はハイスクールを欠席して講義に出かけた。

あとで美穂子さんに聞くと、その日の鈴木大拙師の姿は今もありありと新鮮にして崇高な光景であったという。

その時、大拙は六十五歳。美穂子さんは高校生。

英語の中で育った美穂子さんが聞いた大拙の英語の講義は美穂子さん曰く「Refine」。洗練された美しい英語だったという。

美穂子さんは完璧に鈴木大拙という一人の男性に魅せられた。

以後彼女は大拙を追って日本へ行く。

大拙が九十六歳で他界するまで名秘書として世界中を共に歩くが、もちろん日本にあってはベアトリス夫人、おこのおばさんと生活を共にするわけである。鈴木大拙というお方はいかばかりの魅力の持ち主であったのだろう。父とも慕い、師とも尊敬する美穂子さんの純粋なる傾倒を大拙はどのように受け止めたのであろうか。

美穂子さんが「素敵な男性でした」と私と別れる時の言葉に私は思わず「そうでしょう」と胸の中で言った。

「素敵な先生でした」ではなく「素敵な男性でした」と言われたことに納得した。

一人の男性をめぐって「愛というものがいくつもの形で生き続けていくものだと思った」

一九三九年ベアトリスは鎌倉で多くの人に看取られて逝った（享年六十九歳）。おこのさんの献身的な看護、大拙の時空を超えた深い愛、美穂子さんの新鮮な愛、これらを筆者は目の当たりに知る事ができた。

大拙を大叔父として鈴木家の一切を理解し、大拙を見守ってきた鈴木久美野家から知らされたエピソードである。

葛藤のあとの静けさというものであろうか。おこのさんはベアトリス亡き後も鈴木家に残る。当然、大拙の世話を継続していく。

おこのさんにもやっと平穏な日々がおとずれた。そして十年の後静かに逝った。

鈴木久美野さんはおこのさんをねんごろに弔い、ベアトリスの近くに小さい墓を建てた。鎌倉の東慶寺である。

この後鈴木大拙という偉大な人は岡村美穂子さん、鈴木久美野さんの二人の女性に支えられて九十五歳の天寿を全うしていく。

ベアトリスが良妻であったか、悪妻とみなされていたか、それは他人の我々が判断すべきではない。

すべて鈴木大拙が善しとすれば良妻である。

ベアトリスのただ一点を見つめて生きた生涯はこれまた良妻の誉れと言うべきか。

蓮の台《うてな》に乗ったベアトリス、エマ、美穂子、おこのたちがのこした大拙への愛は、ひとえにベアトリスといった異質の妻の存在によって保たれたと理解できる。

ベアトリス夫人と鈴木大拙　1920年代

あの世で今も三人の女性たちに囲まれた大拙の微笑を想像する。

Ⅳ　佛教と実際生活

ここにベアトリスが「佛教と実際生活」と題して講演した原文を抜粋したものを記す。英文を訳されたのは大谷大学教授、横川顕正博士である。横川博士の翻訳と注釈を加えた長文の論文であるので中略を所々にしたことを申し上げておく。旧仮名遣いは現代仮名遣いに修正してある。

「佛教と実際生活」を掲載した理由はベアトリスの宗教生活を語る上で最適であると筆者は信じるからである。

鈴木ベアトリス講、横川顕正訳

私は今日皆様と親しく顔を合わす事が出来まして皆様に佛教についてお話を申し上げる事になりましたのは、私にとりまして特別の光栄であり喜びでございます。

甚だ残念ながら、私は日本語で直接にあなた方にお話しすることができませんので、今日は英語で申し上げなければならないのでございます。幾らか日本語を知ってはおりますけれども、佛教のお話をするにはまだ充分でありません。それで何時かまた未来において私がこの地球に生まれまして、そうして日本語を習得する事が出来ましたら、或いは日本語で、あなた方にお話しすることが出来るかと存じます。と申しますのは日本語は非常にむずかしうございますから、私はこの一生で日本語を習得してお話しすることは出来まいと存じます。それで残念ながら今日は英語でお話を致します。

西洋の文明は、その根元を何処に持っているかと申しますと、ギリシャ・ローマ及びセム民族の生活に持っているのでありまして、これらはまたいずれもエジプトをその母体として認めねばならないのであります。しかしながら東洋の文明は、インドをその母体として持っているのでございます。インドは丁度、エフィーサスのダイアナ女神のように沢山の乳房を持っているので、生まれ出た子供はいずれも充分に養分が取れると言えるでしょう。

東洋文化の偉大なる特徴の一つは佛教であります。佛教はインドが世界に最初に与えた偉大なる贈り物の一つであります。それはヘブライ人がキリストを世界に送り出し、ギリシャ及びローマがキリスト教を発達せしめたのに似ております。

佛教は私たちにとりまして見事な贈り物でありまして、これに対しましては、私たちはいくら感謝しても感謝しつくせぬほどでございます。

人類を愛し、より高き文化を願う宗教者が自らの信念を他に伝えて他を啓蒙し、他を導くという事は結構な事であります。けれどもそれは自分の宗教をもって他に押し付け、他人の宗教を押しつぶす事であってはなりません。自分たちの宗教の持っている味わいなり、その精神を伝えて、他の人がまさにそれを真に味わいそれを生かすことの出来るように努力するならば意義があるでしょう。伝道者となるものはこのように心がけるのが賢明であると私は思います。

私はつくづく感じます。日本は過去において早くより佛教を取り入れて自分のものにし、新しい宗派さえも出来上がるほどに同化させました。それで日本は、この深い偉大な宗教に、精神的要求を満たすすべてのものを見出す事が出来、日本としては他の文明なり又は他の宗教に移り行くことは好ましからぬ事であると感ぜざるを得ません。日本は、宗教思想を有せる、日本の過去の文明に、日本が今日の生活にとってさえ必要とするところのすべてのものを含んでいるのであります。

佛教の主な特徴はどういうものであるかと申しますと、それは「無明を取り払ってしまう」そういうところに重きを置いていることであります。もしも私たちが、無明を取り払ってしまうならば私たちは心に平和を持つことが出来、そうして幸福になれるのでございます。それからまた涅槃を実際に私達のものとなすことが出来、すべての悪行から解放されて自由な身となる。こういう状態に達するのでございます。これは佛教におきましては特に重要な点でございます。このような平和と幸福、それはどこから出てくるかと申しますと、それは「無我」の状態から出てくるものであります。「無我」の状態は積極的にはどういうことを意味するかと申しますと、それは法身することに目覚めることでございまして、この法身が人格化されて出てきたものが阿弥陀佛でございます。

そこで私達はどのようにして無明を取り去るかというに、私達は四聖諦という立派な教えを持っております。四聖諦と申しますのは、苦、集、滅、道のことでありまして、この最後の「苦を滅する佛の道」からして八聖道の訓が出てくるのでございます。

しかしながら、大乗佛教におきましては、私達はまた、独特な美しい菩薩の教を見出すのでございます。菩薩とはどういう方であるかと申しますと、一人の有情でありまして、なぜというかと言いますと、一般の苦しんでいる人を救わんがために菩薩自らは涅槃の境涯に入らずして働いているからでございます。それなら涅槃を離れていれば迷っているのかと言いますと、涅槃を離れているからといって迷っているのではありません。その本質は立派な輝かしい知恵でありまして、それを本体としている方でございます。

日本人は一体、こういう理想をどこから取ってきたかといいますと、それはインド及び中国から取ってきたのであります。そうしてそれをうまく取り入れまして、自分のものにしたのであります。それは私たちが、日本の佛教を研究してみますとよくわかります。たとえば真言宗でも真宗でも禅宗でもそれらのいずれを見ましても、そういうことを知る事ができます。日本人はこういう理想を発達させまして、そうしてその中に日本人自身の持っている独特な才能のあるものを投げ入れ、日本人自身の性格を織り込んで、日本佛教を建設したのであります。それで日本の佛教は生き生きとした、生気のある宗教となったのであります。

日本人の宗教的理想が、よく向こうの人に分かってくればくるほど日本人というものが充分に理解され、それについて日本人が尊重され、賞賛されるという結果となるでありましょう。外国の多くの人たちは日本の佛教徒は、あれは皆野蛮な偶像崇拝者であるという風に考えているのであります。これは外国の人たちが本当の日本佛教を何も知らぬところから来るのであります。それでありますから、何とかして本当の日本の佛教の知識を向こうの人に植え付けたいと思うのでございます。

そこで私たちは、佛教をよりよく外国に知らしめて、佛教についてこのような誤解の生まれないようにするためになにかなすことは出来ないでしょうか？

私自身が、佛教に興味を覚えるようになりましたのは大分前のことでございまして、私の生まれた国におりましたときから既に東洋の思想、哲学、文化というものは、私がインドを研究しました時からなじんでいたのでございます。そうして私は西洋のものであるにもかかわらず、東洋とよほど似通ったものを自分に持っているのだというように強く感じるようになってまいりました。私がインドの教に接するようになった時、インドの教えは私には非常に親しみのあるものに思われました。それでほとんど私は私自身が最も東洋人であるかのようにさえ感じたのでございます。

無明から救われるという教え、業の教、権化の教、それから生きとし生けるものがすべて悟りを開くという教え、そこでは動物さえも含まれており、それから悪鬼と誰も、全く除外せられてはいない、こんな教えがあるということは私にとってはまこと驚嘆すべきものに思われました。私は始めてこの偉大なる教えに接しました時、非常に幸福で、全くその教に心を奪われたのでございます。私は、この教えを研究する事によりまして、日本へ参る事になりました。そうして今日、あなた方に親しくお目にかかってこの教えについてお話を申し上げているのでございます。

私は太平洋を隔てた向こう側で生まれ、全くあなた方と異なった背景を持ち、異なった教育の仕方を受けてきたものであるにもかかわらず、日本人としてのあなた方、佛教徒としてのあなた方に対しましして心からなる理解をもつことができるという事は誠に不思議であると思います。

私はここでしばらく日本の佛教徒はまず自らの宗教をよりよく評価するためにはいかなる事をなすべきであるか、という事を申し上げ、次に佛教の美しい持ち味をまず自国の方々に知っていただくにはどうしたらよいであろうか、それから更にすすんでこの美点をいかにして外国の人々に知らせたらよいのであるか、ということについてお話ししたいと思います。

まず第一に、子供について申し上げます。日本にも現在日曜学校がございますが、もっともっと沢山あってよいと思います。そうしてもっと活動してもよいと思います。私自身、いくつかの佛教の日曜学校を訪ねたことがありますが、その時どういうことを見出したかといいますと、そこでは子供がいろいろな教えを教え込まれるというよりはむしろ、遊ばされるという意味で日曜学校が行われているように見受けられました。それは何故かと申しますと、こういうことがあります。佛様の御一代のお話を、子供に聞かしてやるとか、或いは佛教の聖者、たとえば親鸞聖人なり、或いは法然上人というような方々のお話をする代わりに、誰でも知っている桃太郎さんの話とか、或いは舌切り雀の話を聞かせているということであります。なるほど、子供を面白く遊ばしてやるという事は誠に結構でございますが、ただし日曜学校ではそういうことではなくてそこへ宗教的な教えを混ぜていただきたい。

子供さんたちに佛教を教え込むにはどういうことにしたらいいかと申しますと、佛教のお話の本をたくさん作って置いたらいいと思います。それは物語のみでなく、きれいな絵を入れて、お釈迦様の生涯なり、或いは佛教の聖者、高僧方の話をしてゆくという風にしたらいいと思います。京都の知恩院に詣でました時に私は非常に面白い小さい絵本で出来ている法然上人の御一代記をいただきました。それから京都の東本願寺に詣でました時にも、二冊のきれいな本をいただきました。その一つは親鸞聖人の御一代記でもう一つは蓮如上人の生涯を書いたものであります。これだけが私の拝見したもので、本の三冊でございますが、この種の本が何百というほどあってもよかろうと思います。

ここで私はちょっと動物のために述べてみたいと思います。

私はこの日本におきまして、人々が動物に対して非常に残酷な事をしているのをしばしば見受けます。そうして多くの場合、これは考えなしにやっているのであります。もしも子供たちが動物に対して不親切であり、そうして蜻蛉や蟬をいじめて丁度それを自分達のおもちゃであるかのように取り扱い、しばしば小さい動物をむごい目にあわせるのをそのままにしておくのはそれは両親の方に落ち度があると思います。確かに佛教におきましては、こんな哀れな生き物に不親切であれというようなことを説いてはいないのでありますが、多くの場合これについての佛教の教えが忘れられているのであります。

それから今度は、大人について何かの佛教のために尽くす道はないかと訊ねてみますと、いろいろな方法がございます。筆の才のある方は佛教をよりよく分からせるためにその才を用いて新聞なり雑誌なりに佛教についていろいろな事をお書きになることも仏教のためになすことになります。小説や芝居、或いはいろんな種類のお話に仏教的背景をそこへ仕組んで書くということも出来ると思います。西洋の小説で最も面白いもののいくつかは、このような宗教的背景を持っております。たとえばシエンキュイッチの「何処へ行く」とか、ウォーレスの「ベン・ハー」などはいずれも初代キリスト教のことについて書いてあるものでありまして、この二つの小説は類例の無いほど非常によく売れたものでございます。

ここに挙げましたのは佛教を海外に知らしめる二、三の方法でありますが、それよりももっと簡単で容易であると思われるほかの方法がございます。それは私たちが日常生活におきまして菩薩となるように努めていく事でございます。

私は教員をしておりますので、もしも学生が固く決心して物好きでなしに英語を勉強してその手に入れた語学をもって佛教のために尽くし佛教に関する論文を書くなり、経典の翻訳を志すなりするならば、どんなによいだろうかとしばしば考えるのであります。

それからまた、もう一つの方法は、実際に佛教の教師になったり講演者になる事でありま す。国内にありまして、同胞に教えを説く人がたくさん出てくるばかりでなく、特に知識と語学を兼ね備えた人たちはヨーロッパなりアメリカに出かけていって東洋の佛教徒自身の手からして直接に佛教教義や東洋の文化について何ものかを向こうの人に知らしてやる事であります。

女性は仏教について学びえたところを他の女性に対して教えたり、講義をしたり、筆を取って述べたり、説明したりすることの出来るようにしつけられねばならないと考えます。

それにしても実際は男性にとって講演や説教や著述は比較的容易でありましょうが、女性にとってはそれよりも多くの機会がありまして、佛教的理想を実行に移すことが出来るのであります。前にも申し上げましたように、日常生活においてまた子供の教育においてそれから他の人々、家族、友人、召使い、その他接触するすべての人たちに影響を及ぼすところに佛教の理想を実現してゆく機会が多いのであります。

過去の佛教夫人も佛教のために働いております。

私はここに九條武子夫人のお話をせずにおくわけにはまいりません。それはこの夫人が佛教のために熱心にお働きになったからでございます。この方は臨終の際に、「私は一刻も早くお浄土にお参りをしたいと思います。そうしたならば私はこの世へ帰ってきて佛教のために働く事ができますから」とこう申しておられます。

日本におきまして、自らの善行と人のために慈悲深い行為をなされたので、菩薩という称号を奉る方を私はたくさん見てきました。たとえば、聖徳太子のごとき佛教をこの国にしっかりと植えつけるために非常な努力をしておられ、またその全生涯をあげて慈善事業に尽力せられているのでございます。それから行基菩薩は慈善事業のお手本でございました。真言宗の聖者、弘法大師はどんな時に御自身がこの上もなく幸福であるとお感じになったかといいますと、人を幸福にするために働いている時、菩薩より人を救い出すために尽力する時に喜びを感じられたのでありました。

菩薩の願いについてのお話を結びますために、最後に私は「金光明教」に出ております言葉をここに出す事にしましょう。

「一切衆生のために私は無常の菩薩の住処にあこがれる。すべてを容れる大悲心を振い起こし揺るぎの色を見せぬであろう。いと尊き我が命なれど、それをも犠牲にしよう。正覚の境地に達すれば、そこには悲しみの影もなく、燃ゆる欲望も存在しない。それはすべての智者の楽しむ境地である。私は、一切の衆生を、三界の渦巻く煩悩の波から解きほぐし、それを導いて永遠の安楽境に至らしめるであろう」

はなはだ拙い講演でありましたにも関わらず、ご静聴くださいましたことを心から感謝します。なお大変時間をとりましたようで甚だお気の毒でございました。皆様にお詫び申しておきたいと思います。

昭和八年九月

V　ベアトリスの憂い

大拙とベアトリスの間には子供がなかった。アラン勝はイギリス人と日本女性の間に生まれた男の子で一九一六年に東京で生まれ、幼少の頃ベアトリス夫妻の元に養子として鈴木家に入る。

大拙とベアトリスは理想的に育っていくアランを想像していた。しかし、混血であったアランは美しく成長し、十代の終わり頃には京都の夜の街を毎夜のように遊び歩いていた。

中学校から放校処分になったアランをベアトリスは高野山に送り込んだがすぐに逃げ出してしまい、大拙とベアトリスの期待からは遠く離れていった。

時は太平洋戦争の直後。アランは戦時中にうけた「あいの子」という差別から逃れるように、むしろ進駐軍の氾濫する戦後の東京に移る。そこで水を得た魚のように生き生きとしていた。アランは後に第一回NHK紅白歌合戦に出場した池真理子さんと結婚する。紅白出場の為にアランが池真理子に英語を教えた事が馴れ初めであった。しかし結婚後、アランの私生活は乱れて行った。

芸能界に身を置くようになったアランは今も日本人の心に残るものを残して逝った。それは、一九四八年の「東京ブギウギ」である。笠置シヅ子の大ヒット曲となったこの曲は服部良一作曲し、作詞は鈴木勝、つまりアランである。

そのアランは一九六六年他界するのだが、アランの行状に心を痛めたベアトリスが病床より大拙にアランについて切実に訴えた手紙がある。

一九三九年二月十一日　東京聖路加病院にて
最愛なる貞様（大拙の本名、貞太郎）

この二、三日手紙を書いていませんが、それは以前に頂いたお手紙に貴方が鎌倉と東京に本日いらっしゃると書いてあったからですが、この二、三日の間に届いた貴方からのお手紙にはその事について、何も触れていませんね。

さて、貞さん、私たちの家庭の問題は東洋の仏教よりはるかに重要な事柄です。もし貴方がこの時期に亡くなるようなことがあったら、私は自分が無一文で何の権限もない立場におかれてしまうという事に気がつきました。私をこんなに危険な状態にさらさないで下さい。有能な弁護士に相談するべきです。横浜によい弁護士がいます。

アラン勝

安宅さんには書籍以外の事についても相談したのですか？　また何故本や家具などに目録をつけなくてはならないのでしょうか？　全ての物を安宅さんに委託するのでしょうか。早く　早く！

最近の私は身体的な痛みばかりではなく、精神的にも大きな苦痛を感じています。貴方はいつこちらに来てくださるのでしょうか？　いくつかの重要な事柄を発見しました。貴方とお話がしたいです。これ以上延期するのは危険です。私の将来（もしまだ生きていられるとして）そして、貴方の将来（貴方が私より長生きされるとしたら）に比べて、東洋の仏教思想が一体どれ位大切な事でしょうか？　後に延ばさないでください。貴方のご兄弟にお会いになったかどうかについても全く触れていらっしゃいませんね。この事態について、もっと詳しいことが分かった今、私は非常に切羽詰まった気持ちになっています。

おこのさんが昨日来ましたが、彼女は貴方が今日見える筈と言っていました。最近見舞いに来てくださったのはMiss CASEY, Mrs. WASHIOとMrs. HELLENです。

私の腸閉塞は一向によくなりません。また身体の前の部分にも痛みがあります。このような状態なので私たちの家庭の問題を今すぐ解決しなくてはなりません。遅らせないでください。延期しないでください。できるだけ早くいらして、この問題を解決してください。実はde Becker氏という名の弁護士に一度会いに出掛けました。これは非常に深刻な状態です。遅らせないでください。

延期しないでください。

おこのが明日また来てくれます。彼女も心配しています。アランに彼の手紙を受け取ったとお伝えください。気分が良くなり次第返事を書きます。

さようなら。

私は元気です。

Beatrice

（訳：中田ながこ）

この死を目前にした手紙からは、厳しい仏教の修道に没頭していたベアトリスの変貌振り、女性の本質に立ち返った姿を読むことができる。その心情は、信仰を超えた人間の本来の姿なのである。

ベアトリスはこの手紙を残して一九三九年七月十六日、聖路加病院にて他界。享年六十一歳。鈴木大拙はベアトリスの亡き後、大谷大学教学研究所顧問になる。そして昭和二十四年日本学士院会員となり、同年文化勲章を受章。当年七十九歳。さらにハワイ大学、コロンビア大学などで講義し、広く仏教哲学を広める。

一九六六年、七月十二日午前五時二十五分他界。享年九十六歳。

翌年、松ヶ岡文庫にて法要。

これにて鈴木大拙とベアトリスの生涯の幕を閉じる。

あとがき――明治を駆け抜けた人々

ある時ひょんなことから野口英世の妻メリーの話題になった。相手は「野口英世の奥さんは悪妻だったそうですね」「水商売の女性だったそうですね」と言う。そのやけに断定的な言葉に私は「そうでしょうか？」と思わず反発した。野口とメリーがかわした手紙や電報の類は当時公になっておらず、まだこうした評価が根強かったが、私はその事に違和感を感じていた。

そして、いつしか真実のメリー・ダージスの姿を知りたいと思うようになっていた。

まずロックフェラー資料館に飛び込み、綿密な調査をした。ロサンゼルスからニューヨークまで五時間は飛行機に乗る。その往復を五回繰り返した。そして関係者を取材し、ゆかりの土地を次々とおとずれた。そこから浮かび上がってきた真実の数々は、風評とは異なる姿であった。それはいわゆる「サイレント・サポート」(無言の支え）によって夫を支える献身的な姿であった。

追跡に追跡を重ねてとうとう野口英世の遺言を発見した。それは時事通信によって大々的に報道された（一九九一年一月十七日）。

私は今日まで五十年以上アメリカに住んでいる。アメリカ人女性の気質もかなり理解しているつもりだ。歴史物を書くにあたって、死者に鞭打つ事はしたくないといつも思っているが、メリーの悪評については全くの濡れ衣であったことが判り、私は大いに喜んだ。

これが一つのきっかけとなって明治の時代に日本を飛び出して欧米で成功を収めた人たちを書きとめようというチャレンジをはじめたわけである。「明治は遠くにありて思うもの」と昭和に育った者として、その遺産を史実として書き留めたいと思った。松平忠厚、高峰譲吉、長井長義、鈴木大拙らに新しい陽を当ててみようと、アメリカはもちろん、ドイツ、オーストリア、ペルーにまで取材は及んだ。

取材に際しては多くの善意とご協力をいただいた。ドイツのシューマッハ家、ニューヨークのアグネス・デ・ミル女史、高峰ジョウキチ三世、松平デント家、長井貞義家、ロックフェラー研究所、鈴木大拙の資料を提供していただいた林田祐介氏、コロラド州ロッキー時報社主今田英一氏、日本薬学会、前新潟薬科大学学長池川信夫博士の諸氏に深い感謝を捧げます。

飯沼信子

二〇〇七年十月吉日

飯沼　信子（いいぬま・のぶこ）

1932年、静岡県沼津市生まれ。1953年、結婚を機に渡米。日本の歴史の中で、国際的に活躍したり日米の架け橋となった日本人が多くあったことを、日米両国に広く知らしめていくべきとの使命感をもって、海外で活躍した日本人とその妻たちの偉業を調査し、積極的に講演活動を行ってきた。2006年旭日単光章受章。日本ペンクラブ会員。日本エッセイストクラブ会員。
主な著書に『野口英世の妻』『高峰譲吉とその妻』（いずれも新人物往来社）ほか。

野口英世とメリー・ダージス　明治・大正　偉人たちの国際結婚

発行日　二〇〇七年十一月九日　初版第一刷

著者　飯沼　信子
発行人　仙道　弘生
発行所　株式会社　水曜社
〒一六〇-〇〇二二　東京都新宿区新宿一-一四-一二
電話　〇三-三三五一-八七六八
FAX　〇三-五三六二-七二七九
www.bookdom.net/suiyosha/
印刷　大日本印刷
制作　青丹社

ISBN4-88065-200-9 C0023